鑓水 浩 編著

共食と
文化のコミュニティ論

晃洋書房

共食と文化のコミュニティ論◆目　次

序章　なぜ弱い人類が生き残れたのか

　はるか700万年ほど前，アフリカの一隅で樹上生活をしていた霊長類の中から，樹上で2足歩行をしていたと窺われるサヘラントロプス・チャデンシスがあらわれた．この種がその後の初期人類，また我々現存の人類であるホモ・サピエンスへとつながる子孫を残したかは今のところは定かではない．一方，440万年ほど前に樹上での2足歩行から，地上に降りることを余儀なくされたアルディピテクス属（ラミダス猿人等）[1]，その後，地上で日常的に2足歩行を行うようになっていた三百数十万年ほど前のアウストラロピテクス・アファレンシス（アファール猿人）は，何とか子孫を継続的に残すことができ現在に至ったと考えられる．

　ある動物種，特に大型の動物種が数百万年間にわたりその血統を維持し続けるというのは，字面で見るほど生易しいものではない．地球の歴史から見れば，これまであらわれた生物種のほとんどは何度かにわたり絶滅した[2]．生き残ったほんのわずかの種が現在さまざまな種へと進化し，現在各々のニッチにその多様性を展開しているのである．絶滅するのが当たり前といってもよい幾多の地球環境の大変動や種間における捕食者と被捕食者をめぐる壮絶な争いの中では，結果的に生き残ることができた種はもちろん，また運悪くそれが果たせなかった種においても，生き残りをかけてありとあらゆる戦略が駆使された．たとえば生物間において捕食活動が始まったことによって生まれた眼や硬い外殻，また海中から陸上や空へと新たなニッチを求めたことによって獲得した肺呼吸や翼等，それまでの表現型を一変させることも珍しくなかった（パーカー 2006）．

　こうした適応の結果として一定の時代ごとに食物連鎖の頂点に立つ強い生物があらわれた．代表的なのはカンブリア紀のアノマロカリスや中生代の恐竜で

2

ある．だがこれらの強い生物は往々にしてその繁栄を永続させることができず，結局は絶滅への道をたどることになる．狩りに特化した身体構造や機能など被捕食生物に対する攻撃性を極限にまで高めた結果として，食物連鎖のバランスに乱れが生じると小回りがきかず，その変化に対応しきれなくなったからである．これに対して強い生物に捕食される側の弱い生物は捕食され尽くされないように，先に述べたようなさまざまな戦略を編み出し表現型を変化させていった．生物進化は一定方向にゆるやかに進むと思われがちだが，実際には断続平衡的に進行する．[3] 安定した生存環境ではその表現型はそう変化しないが，特に絶滅の危機に立たされたような場合には一気にそれが加速するのである．[4] ただし，たとえば身体の大型化等が進んだ状態で表現型が変化するには遺伝子の大幅な変異が必要となるためそれは無理である．その点身体サイズが小さい方が，つまり弱い生物の方が有利である．

　では強い弱いという分類では人類はどうだったのか．間違いなく人類は捕食される側の弱い生物であった．身体サイズが小さいというわけではなかったが，全力で走ったところで現在の生物でいえば馬，犬はおろかウサギにも勝てない鈍足．[5] 格闘したところで猛獣はもちろん現在に至っては近縁のチンパンジーにも勝てない筋力．[6] このように弱い生物である人類の祖先に試練が訪れたのは440万年ほど前である．この頃の気候変動によって乾燥化が進み，彼らが生息域としていたアフリカ東部の森林が次第に消失していった．結果として初期人類は，住み慣れた森林から木々もまばらな疎林の広がる地上へと降り立たざるを得なくなったのである．

　だが地上は食料を得るにも捕食者から逃れるにも困難と危険に満ちた場所であった．絶滅の危機に瀕した弱い生き物である人類にとって僥倖となったのは，700万年ほど前から発達させていた2足歩行の能力（松村 2012）であった．そして人類は，たまたま身につけていたその能力をフルに活用する術を見出したことによって，おそらくは人類史上最初にして最大の危機をその場で乗り切ることができたのである．その術こそが卓越した集団化であり，コミュニティの萌芽的な形成といえるものであった．もちろん今日のように複雑な機能が備

わっていたわけではないが，個々の行動は協調されたものとなり食料資源の確保と捕食者からの防衛に威力を発揮することになった．この協調行動は，その後の人類の存続と進化の原動力となっていく．

　だが，初期人類の協調行動といっても化石に残るわけではなく，遺跡があるわけでもない．卓越した内容というのは推察するしかないわけだが，ここ数万年の範囲の遺跡や文明期以前から近年までのスタンダードだった生活を送り続けている狩猟採集民の様子を参考に，コミュニティの原型を形成し協調行動をとることによって初期人類が生き残ることができたと考えられる要因を2点挙げたい．

　1点目は食料の公平な分配を可能にする共食という行為である．地上に降りた初期人類にとって，まず必要に迫られたのは食料資源の確保であった．そこで2足歩行によってあいた手で食料を拾い集団に持ち帰ったと考えられる．

　現在も狩猟採集生活の伝統を色濃く残すアフリカのナミビア砂漠近郊のサン族や中央部の森林に暮らすピグミー族等に関するフィールドワークによれば，[7]狩りで仕留めた獲物はその当事者であるかないか，また狩りに参加したかしないかを問わず，コミュニティのメンバー全員に均等に肉を分配している[8]．さらには仕留めた当人は決してそのことを誇るようなことはなく，むしろ不首尾だったように振る舞い，他の者たちもそれを当然のこととして受け入れる．仮に仕留めたことを誇るような言動があったり，仕留めた者が自らの分配量を多くするような主張や工作を行ったりするようなことがあれば，部族全体から激しい非難を受け．さらに，グループ全員で協力して狩猟を行わなければならないのに，自分だけ楽をして獲物を横取りするようなことがあった場合には，極刑であるコミュニティからの追放という処分を受けることになる（ターンブル1976）．資源量が限られ，またそれを確保するのにメンバー全員の協業が欠かせない状況では，公平，平等が大原則であり，一部の者が突出した存在とならないようにするためである．そして公平，平等を象徴するのが狩猟採集で得た食料を一同で同時に食べる共食である．分配された食料を共に食べる機会というのは，その大原則をその都度確認することにもなったのであろう．

　この共食がいつ頃から行われるようになったかを知るのは困難だが，190 万年ほど前からあらわれたホモ・エレクトスはそれ以前に比べると脳の容量が大幅に増加していることから，この頃から肉食が始まったと考えられている．[9] したがって狩猟採集民の生活から考えれば，この時期には確実に共食が行われていたはずである．ただし根茎や果実，昆虫を主な食料資源としていたそれ以前においても公平平等を原則にしないと集団が維持できないことから考えると，最初期の人類の段階から既に行われていたと考えるのが妥当だろう．摂食中は周囲への注意が散漫になる．樹上とは違い地上では常に危険にさらされることを考えると，共食をすることによってリスクを減らすのは自然の成り行きだったのではないだろうか．

　2 点目は集団のメンバー間の紐帯となる文化の創出である．食料資源の確保であろうが，捕食者に食べられてしまうリスクの回避であろうが，それらの行動を協力して成し遂げるには相互の信頼関係が必要である．それらがより高度なレベルにあったとするならば相互の信頼関係は当事者同士が意識し合えるものであったろう．そして信頼関係を確かなものにするには具体性のある紐帯となるものが有用であったはずである．同族同士で一つの場所に住んでいればそれだけで地縁や血縁という紐帯は存在することにはなるが，それには共に生活しているということ以外の具体性はない．たとえば歌であったり体へのペイントであったりと人類オリジナルで具体性のあるシンボル的表出活動があってこそ個人と個人の結びつきは強固なものになるだろう．もちろん共食も一つの文化ということにはなるが，それ自体だけではオリジナリティや表出性には欠ける．そこに何かが加わって初めて文化となるのである．そしてごく単純なレベルからスタートした文化は，模倣能力と教え学ぶという行為の発達により次第に高度なものになっていった．

　現在の南アフリカブロンボス洞窟からは，10 万年ほど前のオーカーなどの顔料をパレットのように混ぜ合わせていたと見られる貝殻や，同じ場所に穴をあけられた同じ大きさの巻貝の貝殻が発掘されており（Henshilwood et al. 2011），これが今のところでは人類最古の形として残る文化的行動の遺構と考えられて

いる．ブロンボス洞窟といえば19万年ほど前からの氷期においてアフリカ中央部が乾燥化した際，絶滅の危機に瀕した当時のホモ・サピエンスが死中に活を求めて進出した地である（Marean 2010）．運よく多くの貝が繁殖していたため，それを食料とし人類は命をつなぐことができた．一見すると多少のタイムラグはあるものの，ピンチに追い込まれた我々の祖先の中で，それを打開しようと人類の集団化戦略をさらに効果的なものにするため，つまり一層の協力性を高める必要に迫られたために，必然的に具体性のある紐帯としての文化が求められたということになるのではないだろうか．初期人類が地上に降りざるを得なくなった440万年ほど前をはじめ，それ以降も人類は何度も絶滅の危機に立たされたはずである．化石には残らないが，ブロンボス洞窟同様その都度協調行動のための紐帯となる文化は生まれ，コミュニティはより高度なものとなっていったであろう．

　以上述べた共食と文化の二つが人類が生き残ることができた原動力である協調行動を推進し，共進化的にコミュニティを発達させてきた要素であったならば，現在また未来においてもそれらは極めて重要なものであるはずだ．だが今日では，そのいずれもが大きな問題を抱えている．現代の社会では，人がただ多いだけの食事の場はあっても，公平平等の機能を持った共食というのは，家族単位でも次第に見られなくなり，「個食」や「孤食」が増えている．個人単位での食事はどうしても加工食品が多くなり糖分も過剰になりがちだが，これらを多く摂ると，たとえばADHDと診断された子どもたちは，その症状がより悪化したり，一般的にも脳の神経細胞が過剰に活性化したりするという報告がある（Lyon 2000）．さらに加工食品との確かな因果関係があるかは断定はできないものの，有毒化学物質の摂取は体内の免疫活動を活性化させる．そしてこの免疫活動による脳内の炎症反応は，自閉症と強く関わっていることが分かっている（Goines & Van de Water 2010）．また文化は協調行動の媒介となるものだったが，後述するように時代が下ると狩猟技術の進歩から始まり，やがて現在へと至る生産技術の飛躍的発達へと応用転化されていった．資源の確保は生存を確かなものとするので，そのこと自体は当然有用である．だがそれは今

となっては過剰といえる状態にまでなり，たとえば環境問題や安全保障問題として逆に我々の生存を脅かす存在へと変質を遂げてしまった．

　本書ではこうした情勢を受け，共食と文化といういわば協調行動のシンボルの視点から，我々のコミュニティというのはここまでどのように発展を遂げ，また未来へ向けてどうあるべきなのかを探っていく．コミュニティとは生活共同体であり，生産を共にし，相互に扶助し合う機能を持つことによって生活を維持していく自然発生的な集団である．これまでコミュニティの分析というのは歴史的な要素を加えながらも，専ら我々が現実に生活する中での個人同士の関係やその構成員の組織的な統合の方法や状態が主な対象であったといえる．だが，そうした「現在形」としての分析だけでは現在の種々発生しているコミュニティ上の問題に対しては根本的な解決は望めないだろう．結局はコミュニティが所与のものという態度だからである．本書においては進化的な立場を基本に，そもそもコミュニティが形成されなければならなかった理由に着目した上で，人間の協調行動の意義をあらためてとらえ直し，そのシンボル的な要素としての共食と文化，さらには人類の進化そのものを加速させることになった模倣及び教え学ぶ能力と行為という視点からコミュニティへのアプローチを図っている．概要は次の通りである．

　第Ⅰ部「共食と文化を舞台にしたコミュニティ形成」は，いわば理論編と歴史編である．第1章「初期人類におけるコミュニティ形成」では，まず今日我々の世界では当然のことである協調行動が，実はいかに高度なものであるかについて，それが逆境に置かれた初期人類の起死回生の戦略であったことを示しながら明らかにする．その上で共食と文化の創出，さらに模倣と教え学ぶ行為の発達という段階を経て，協力性や協調行動がさらに発達しコミュニティの確立につながっていった経緯を示していく．第2章「先史時代における共食と文化の広がり」では，ホモ・エレクトスから5000年ほど前の文明の揺籃期までの先史時代における共食と文化の広がりが，コミュニティ間の連携を促進し，現在へとつながる大規模社会の形成を可能にした経緯を示す．第3章「食事文化の歴史的な流れとコミュニティ」では，共食がこれまでの日本の歴史の中で

コミュニティ維持のために昇華され，食文化として根付いてきた流れを概観した上で，現在の日本においてその意義の発展型といえる内容を具体的に挙げるとともに課題も指摘する．第4章「地域と無形文化」では，日本の主に北東北地域農耕コミュニティにおける民俗芸能の発祥とその継承及び課題について焦点化して取り上げ，共食及び文化とコミュニティとの一体性について考察する．第5章「ヨーロッパ市民社会における共食と文化」では，ヨーロッパ市民社会において，共食と文化はどのような発展を遂げながら近代化し，現在の生活に取り込まれているのかを概観する．

　第Ⅱ部「これからのコミュニティをどうするか」は提言編である．第6章「これからの食の文化とコミュニティ」では，これからの時代のコミュニティにおける共食の役割を再評価し，さらに食文化の果たす役割について先進的な事例を交えながら考察する．第7章「無形文化の現在」では，今後の地域文化の継承，発展とコミュニティとの関係について，いくつかの事例を挙げながらあるべき方途を示す．第8章「過疎化少子高齢化の中でのコミュニティ再生」では，人口減少とそれに伴う過疎化少子高齢化の中で，地域コミュニティが共食の場を活用しながら地域の特色を生かしたアイデアを出し合うことで，地域再生の活動を成功させた青森県での事例を挙げる．第9章「教育による地域コミュニティの活性化」では，学校区を単位に地域全体が共食の観点も取り入れた教育によって，地域コミュニティの再生を図る事例を紹介する．第10章「教え学ぶコミュニティへ」では，第Ⅱ部の各章を振り返りながら，現代において我々人間の協調行動を再び輝かしいものにしていくために，共食と文化を基調とし人間の教え学ぶ行為を生かした新たな戦略の可能性を考察する．

注
1）　アルディピテクス属は2種の化石が発見されており，もう1種をガダバ猿人という．
2）　これまでの地球の歴史の中で少なくとも5回の大量絶滅があったことが分かっている．
3）　ダーウィンは進化を漸進的なものとして考えていたが，1972年にS. J. グールドとN. エルドリッジが断続平衡説を唱え，今日ではそれが広く受け入れられている．

4）　結果的にこのようになるのは，たとえば激変した環境によって同種の生物の個体数が少なくなれば後述する遺伝的浮動が起こりやすくなるからということがある．多くは功を奏せず絶滅してしまうが，ごく一部は一気に子孫を増やすことになる．また，変化した環境からの働きかけ等で遺伝情報の発現が変化するエピジェネティックな要因が働くことによって，変異した遺伝子が蓄積することにもなる．

5）　因みに現生人類最速のボルト選手は時速約 45 km．これに対しウサギは約 64 km である．もちろん次の項目も含め，初期人類の身体能力が現在と同じだったかどうかは分からないが，少なくとも大幅に上回っていたということはない．

6）　大人のチンパンジー の握力は 300 kg ほどである．

7）　たとえば丹野（2008）．

8）　誰もかれも優先順位が全くないというわけではなく，分配の順番に関しては獲物の所有権を持つ者とその関係者，そして仕留めた者の関係者が優先されるという報告（Marshall 2000）もある．

9）　当初は狩りによる肉食ではなく，肉食獣の食べ残しの骨の中にある骨髄を食していたようだ．

参考文献

Goines, P., & Van de Water, J.（2010）"The immune system's role in the biology of autism," *Curr Opin Neurol*, 23（2）, 111-117.

Henshilwood, C. S., Christopher, S. et al.（2011）"A 100,000-Year-Old Ochre-Processing Workshop at Blombos Cave, South Africa," *Science*, 334, 219-222.

Lyon, M. R.（2000）*Healing the hyperactive brain: Through the new science of functional medicine*, Focused Publishing, p. 112, pp. 184f.

Marean, C. W.（2010）"When the sea saved humanity," *Scientific American*（*August*）, 303（2）, 54-61.

Marshall, L. J.（2000）*Nyae nyae! Kung beliefs and rites*, Peabody Museum Press.

丹野正（2008）「狩猟採集民と焼畑農耕民」作道信介編『近代化のフィールドワーク』東信堂．

ターンブル，C. M.（1976）『森の民』藤川玄人訳，筑摩書房，pp. 91-92.

パーカー，A.（2006）『眼の誕生』渡辺政隆・今西康子訳，草思社．

松村秋芳（2012）「初期人類と類人猿の下肢骨形態からみた直立二足歩行の進化」『昭和医会誌』72-2, 170-176.

第Ⅰ部

共食と文化を舞台にしたコミュニティ形成

　　生物が生きていくには食物を摂取しなければならないが，
それは我々が考えるほど生易しいものではない．個体や集団
として持ち得るすべての特徴やエネルギーを駆使してようや
く何とかなるものであり，基本的に各生物は食べていくだけ
で精一杯なのである．だが人間だけは違う．一部では当ては
まらない状態があるとはいえ，概ね食べることは当たり前で，
それを前提として他の生物には見られない独自の文化を謳歌
している．
　　だが人類もかつては食べるだけで精一杯であった．それど
ころか食べることがかなわず，絶滅寸前まで追い詰められた
ことも一度や二度ではなかった．奇跡的にもそれをくぐり抜
けることができたのは，相互の協調行動を効果的なものとす
る高度なコミュニティを形成することができたからである．
そしてそれを可能にしたのは，全員が一同に会する共食とそ
れを土台として発達した文化であった．
　　第Ⅰ部では，共食と文化が現在までのコミュニティの形成
と発達にどのように貢献してきたかを見ていく．

第 1 章　初期人類におけるコミュニティ形成

はじめに

　440万年ほど前，人類の祖先は食料も乏しく周囲には恐ろしい捕食者だらけの地上という過酷な環境に降り立った．今でこそ地球の主であるかのような勢いの人類は，この時に絶滅していても全く不思議はなかった．生き残ることができたのが奇跡的なのである．本章では，たまたま持っていた2足歩行の活用と文化を生み出した共食という舞台の設定，さらにその後の模倣能力と教え学ぶ行為の発達によって，協調行動を基にした高度なコミュニティを形成することができた経緯を，主に生物進化の観点から示していく．

1．生物の断続的な進化と多様性

（1）　進化は結果オーライ

　現在地球上には百数十万種ともいわれるほどの実に多種多様な生物が存在しているが，これらは最初からそのような姿だったわけではない．10億年ほど前までは地球にはバクテリアなどの単細胞生物しか存在しておらず，その後長い期間を経て現在に至っているわけである．ここまで生物としての形態や生理的な形質である表現型が拡大した過程では，各生物間同士の，また変動する気候に対する生き残りをかけた壮絶な戦いが繰り広げられてきた．この間の生物の表現型の大きな変化としては，主なものとして多細胞化から始まり，眼の誕生，陸上生活への適応，飛翔への適応といったものが挙げられる．これらの変

化というのは決して意図的に目的をもってそれぞれの方向へと直線的に進んだわけではない．たまたまそうなったのである．だがそうなるにしても前提条件が必要である．一つは遺伝子の量的な増大であり，もう一つは遺伝形質が偏在化する遺伝的浮動である[1]．

原核生物から真核生物，そしてしっかりとした体躯を持つ多細胞生物へと進化するには，それを可能にするだけのゲノムの長さが必要である．生物は 28 億年もの期間をかけてそれを成し遂げた[2]．だが結果としてその分遺伝子のコピーミスの頻度，つまり突然変異も増えることになる．今からおよそ 5 億4200 万年前には「カンブリア爆発」と呼ばれる画期的な現象が起こった．古生代カンブリア紀において，それまで数十種程度しかいなかった生物が突如 1 万種ほどに爆発的に増加し[3]，現在の脊椎動物や無脊椎動物の多様な原型が一気に生まれ拡散したのである．これは生物同士の捕食の軍拡競争が主要因と考えられている．そのきっかけとなったのは，それまで海底表面で層を形成していた微生物を食べていた動物（蠕虫）が別種の動物を食べられることを「発見」したことであった（ファインバーグ＆マラット 2017）．これにより生き残るためには多産化も必要となり，生物同士の捕食と被捕食の関係の果てしない競争が続くことになる．今でこそ，捕食する側の生物とされる側の生物の条件や対応というのは明確になっている．だがこの競争は始まった当初は，そういった関係は不明確で地球上[4]の各所において，地理的気候的要素の違いによって多様な状態があったはずである．その結果として場所による生物相の局在化が見られるようになり，遺伝的浮動が起こりやすくなった．これによって生物の表現型の多様化も一気に進んだと考えられる．ただし注意しなければならないのは，表現型の変化というのは実は何らかの形で外適応として事前に表出しており，その変化がたまたまその後の環境の大きな変化に対してうまく適応した場合に一気に拡散するということである．一例を挙げれば，鳥類の空への進出を可能にした翼の獲得である．周知のように鳥の羽毛はもともと空を飛ぶためのものではなく，恐竜の体温維持のためのものであった．それが 6500 万年前の大量絶滅の後，たまたま生き残った小型種に羽毛がうまく機能し飛翔を推進したので

ある．どの生物においても意図的に形質を変化させるわけではない．言うなら
ば結果オーライの生き残り戦略である．

（2）　生き残り戦略は遺伝子レベルから

　このような遺伝子の変異による生き残り戦略というのは生物の個体単位だけ
というわけではない．繰り広げられているのは細胞レベルからなのであり，時
代を問わず常に行われている．典型例は癌細胞である．いわゆる癌（悪性腫瘍）
というのは制御機能を失った多くの遺伝子多様性を持つクローン細胞の集合体
である．このクローンたちは決して仲良く共同戦線を組んでいるわけではない．
気候や食料の確保が淘汰圧となって生物同士の競争を促し結果的に表現型等の
進化がもたらされるのと同様に，癌細胞は正常細胞内での排除の対象というと
てつもない淘汰圧の下，栄養と酸素を求めて苛烈な競争を繰り広げる．そして
それぞれの細胞はそれに対抗しようと急速に遺伝子を多様化させていくうちに
異様な癌ゲノムがあらわれることになる．その代表例が脳腫瘍の一つで最も悪
性度の高い癌であるグリオブラストーマ（膠芽腫）である（テイラー 2018）．これ
は生き残り競争を勝ち抜いた勝者ということになる．

　つまり，強い淘汰圧がかればかかるほど，まずは遺伝子レベルにおいて，そ
の時点における蓄積された遺伝子変異をフルに発現し，[5] 可能な変化を遂げるこ
とによって，何とか生き残りを図ろうとする．生物個体では，各細胞は全体と
して統制されているので，それぞれが勝手に変異するわけではないが，遺伝的
浮動を可能にする生物種集団の局在化と多産化，そして環境への適応の成功と
いう自然選択がすべて有効となり表現型の方向を変えた個体群が子孫を残すこ
とになる．生物全体として，このようなダイナミズムが働き，現在のような多
様な生物相があらわれているのである．

2．危機における協調行動の進化

（1）　森から追い出された初期人類

　では，人類についてはそうした劇的な変化はなかったのであろうか．他種の動物に比べ身体能力や形態的な特徴で見劣りする人類にとって，苛烈な競争を勝ち抜いていくのは並大抵なことではなく，幾度となく絶滅の危機にさらされたことであろう．それでも何とか種を存続させることができたのは，変動する気候や他の動物に対して対応し得る際立った能力を身につけたからである．

　人類の祖先は，現在のチンパンジー等の大型類人猿とは異なる骨格形状の化石から判断すると，その最古のものは700万年前にあらわれたサヘラントロプス・チャデンシスであり，同系統であるかは不明だが440万年ほど前のアルディピテクス属，そしてその後のアウストラロピテクス属であると考えられている．これらが発掘された北アフリカでは，ヒマラヤ山脈の隆起による気候変動のため1000万年前から700万年前頃には乾燥地域が出現しており（安成2013），彼らが生息していた当時の地域の植生は図 1-1 のように，いずれも熱

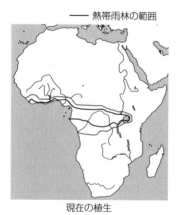

図 1-1　現在と初期人類生存期の植生の比較

出典：竹本（2017）を一部改変．

帯雨林ではなく熱帯季節林であった．つまり雨季と乾季があるため密集した森林ではなく草原に木が点在する疎林となっていた．人類と現在の大型類人猿の共通祖先は，チンパンジーやボノボが今もそうしているように熱帯雨林での果実食を中心とした集団での樹上生活が基本であり，森林が減少するのは安定した食料資源を失うということになる．大後頭孔の位置が垂直方向に位置していたことから考えると，すでに2足歩行の萌芽が見られていた我々の祖先は，その身体能力からしておそらくは樹上生活者の中では弱い存在であり，そのため結果的に数万年程度かけて熱帯雨林から取り残され，結果的に樹上から追い出されたということになるのだろう．通常，安定した生息環境をむざむざ放棄して絶滅の可能性の高い選択をすることはあり得ない．

（2）　絶滅を乗り越える戦略

　樹上から追い出され否応なく地上に降りざるを得なくなった初期人類は，何とかそれまでにたまたま身につけていた2足歩行能力をうまく生かして生活していく道しか残されていなかった．問題は地上という場所である．樹上生活では遭遇することはまずなかった獰猛な捕食者がうようよしていた．この恐ろしい捕食者から逃れながら少ない食料資源を確保しなければならない．それができなければ確実に絶滅である．これは人類にとって最大の危機であり，劇的な変化が求められたはずである．だが祖先にとっての隘路は，この時点で身体のサイズは既に比較的大きなものになっており，そこからすぐに遺伝子の変異により表現型を大きく変えていくのは不可能な状態であったことである．そのため捕食者から逃れるため鳥のように大空へと活路を見出すわけにもいかず，また捕食者に対抗し得るように体型の大型化を図る余裕もなかった．それまでの安住の場所だった深い森はもはや近くには存在せず，あったところで樹上は満員状態で上ることもできない．全員が飢え死にするか捕食され尽くすかで絶滅しても全くおかしくなかったのである．このような切羽詰まった状況に追い込まれた初期人類に，唯一残されていた戦略というのは行動パターンを変えるということであった．卓越した集団化と協調行動である．

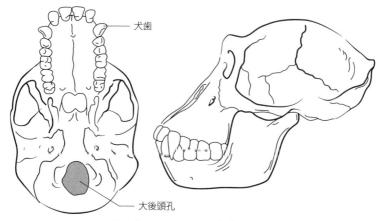

犬歯

大後頭孔

図1-2   チンパンジー頭部の骨格
出典：更科（2018）を改変.

　このことを可能とした要因は次の2点が挙げられる．まず，第一に遺伝的浮動が起こりやすい状態であったということである．熱帯雨林から追い出された我々の祖先である初期人類の生息域は，**図1-1**のように熱帯季節林の淵沿いの位置にあった．彼らは数的に少数であり，しかも生息域は線状にかなり広い範囲に渡っていた．そのため結果的に遺伝的浮動が起こりやすい状態であったのである．第二にこれまでも触れてきたように，その時点である程度の2足歩行[11]の能力を得ていたことである．サヘラントロプスの時点ですでにその能力を持っていたが，これは樹上の中でも下の部分の太い枝を歩いていたと考えられ[12]る．この能力が外適応となったのである．

　この時の劇的な行動パターンの変化を示すものとして犬歯の縮小ないし消失が挙げられる．動物が相手に攻撃をする際の最強の武器は牙である．現在も人類と近縁のチンパンジーにではそれははっきりとした形で存在し，主にメスをめぐるオス同士の中で用いられており，それにより相手を殺傷することも珍しくない（**図1-2参照**）．この犬歯はサヘラントロプスにおいてもすでに小型化しており（Smith 2018），その後のアルディピテクスの段階で男女の性差がないまでに縮小している．これはつまり，オス同士の争いが一気に減ったことを意味

しており，初期人類段階においてそれまでの乱婚から一夫一妻に近い生活形態になったと考えられている．まずは男女が協力し，子育てを中心とした生活を送るという行動パターンをとるようになったのである．だがいくら一夫一妻といってもその子も含めたすべての生活形態が一家族単位で完全に成り立っていたとは到底思えない．それでは食料を確保するにしても，捕食者からの防衛にしてもあまりに不安定であり危険である．したがって複数家族の集合体としての集団化が必要だったはずである[13]．

　集団化そのものによるメリットは次の二つといえるだろう．一つは子孫をより多く生み出し，圧倒的な個体数を確保することによって相応の犠牲が出ても結果的に数の上では帳尻を合わせられることである．もう一つは，ほど良い程度の個体数を維持しながら，集団のメンバー間で協調行動をとることによって食料資源の確保を図るとともに捕食の被害のリスクを減少させることができる点である[14]．実際，多産によって大規模な群れをつくり捕食者による全体の犠牲を最小限にすることは多くの生物が行っており，また現在の大型類人猿や霊長類のいくつかは他者を思いやっているとしか見えない協調行動を明確にとっている（ドゥ・ヴァール 2017）[15]．人類の場合は多産傾向にはあるが，それほど顕著なものでもない．ということは人類の生き残り戦略の主眼は複数家族から成る集団による協調行動にあったということになる．それも他種に比べてそのレベルというのは，小さいサイズの生物であれば表現型を一気に変化させるほどの卓越したものにする必要があった．

　人類の場合はただ大勢でいるだけということではなく，家族単位としての集団がまずあり，おそらくは血縁関係にある家族が複数集まりさらに大きな集団を形成し，その集団で食料確保も捕食者からの防衛も行ったと考えられる．具体的な行動としては，食料資源確保については2足歩行によって自由になった手をフル活用して落ちた果樹を拾ったり，根茎や昆虫の幼虫を手に入れるために穴掘りをしたりすることであった．また捕食者についての情報をいち早く伝えるために身振り手振りを大きくしたり[16]，表情に変化を加えたりしていたことも考えられる．

　集団で行動する社会的生物はさまざま見られるが，我々はその場の状況に応じて方法を臨機応変に工夫しながら，計画的にある目的を達成するという行動をとることができる．現在の我々には当然すぎて気付きにくいが，この他種生物に見られない集団としての協調行動における卓越性は，我々の祖先が絶滅をまぬがれることができた要因そのものなのである．

3　協調行動を支える内部モデルの構築

　初期人類は複数家族から成る集団を形成し，協調行動を進めることで高い淘汰圧がかかる中で生き残りを図った．だが一言で協調行動をとるといっても，そう簡単にできるものではない．めいめいが共通の意図を持ち協調した動きをとることだけでも大変なことであり，ましてその行動が多くの生物に見られるようなゲノムにプログラムされた単機能的なレベルをはるかに超えた複雑なものであれば，相互の濃密な信頼関係が必要となる．そしてこの信頼関係をつくるのも非常に複雑な過程が必要となるのである．これらの点について神経科学の知見も取り入れながら示していきたい．

　近年の神経科学の知見によれば人間の認知，行動というのは次のようなシステムによるという．たとえばある目的となる行動をとろうとする場合，その運動の指令を遠心的に脳が発信する．この指令は末端の筋肉に対してだけではなく，その指令のコピー（遠心性コピー）は，それまでの主観的経験によって蓄積された行動の目的に関する，たとえば位置関係や形状，物理的特性といった外部世界のさまざまな情報を総合した内部モデルの一つである順モデルに対しても送られる．そしてさらに遠心性コピーは順モデルから予測システムに送られ，そこにおいてシミュレーションを行う．一方で身体的には運動指令に基づいた実際の運動を進める．運動指令は実際の運動と乖離が生じるようなものでは困るので，運動した場合の予測に基づいたもう一つの内部モデルである逆モデルを通して発信される．

　ここで重要なのは，順モデルにおけるシミュレーションに対して，実際の行

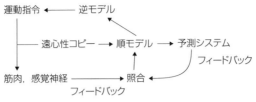

図 1-3　運動制御システム

出典：Frith, Blakemore & Wolpert（2000）, 月本（2014）を参考に筆者作成.

動も含めた逐次的なフィードバックを行いながらそれを進めていくということである. 要するに行動そのものは実際の対象世界に対してのものではなく, あくまでも脳内にイメージされたいわば仮想の世界に対して行っているのである（Frith, Blakemore & Wolpert 2000）. 行動の指令が手や腕の筋肉に伝わり, 収縮すれば内部感覚として, また実際のその動きが視覚情報として脳中枢にフィードバックされる. 行動指令, 予測信号はフィードバックされた信号と照合され, 小さな誤差の範囲内であればそのまま, 明らかな誤差があれば行動を調整することになる（乾 2018）. さらにはその後たとえば実際に何かに触り触覚反応があれば, その信号もフィードバックされ照合される（図1-3）. これらの照合での予測誤差がそれほどのものでなければ, その場で対応して一貫性のある行動をとることになる. だが大きなものであれば, 異常な知覚に伴い心臓の鼓動を速め血流を増加させるなど身体内部のシステムを調整する措置をとり, 緊急時に備える.[17] そしてこの時の内臓状態の感覚, つまり内受容感覚から情動状態が心的に形成される.[18] 普段我々が当たり前のようにとっている行動も, こうした行動システムに基づいているのである. 基本的にはどの生物にもその能力は備わっているはずである.

　ただし人間の行動というのは, このような固定的な物体だけを対象とするわけではない. 対象となるのはむしろ動きがありそれを的確に予想しないと働きかけることができないものの方が多い. そして何と言っても人間にとって最重要ともなる行動は, 協調行動の大前提となる対人的なものである. 協調行動が人類を存続させることができた主要因であるならば, 集団内では相互に同調で

きるような行動をとることが不可欠である．人間の行動システムは上述の通り
であり，対象が人間であってもその基本が変わることはない．脳内の順モデル
に対して，逆モデルから発信された指令の遠心性コピーがシミュレーションを
行いながら実際の行動をとり，知覚のフィードバック信号と照合する．たとえ
ば目の前にある物をつかむといった単純行動であれば，簡単なモデルにした
がって行動をとり，最終的に触覚というフィードバックと照らし合わせるわけ
である．これに対して人間に対する行動というのは，はるかに複雑になる．相
手に対する行動のアプローチが視線を使うのか発声を使うのか，あるいは動作
なのか．さらにそれらがそれぞれ直截なものなのか間接的なものなのか等々，
ありとあらゆる行動の起こし方の選択肢が存在する．さらには相手の反応を見
てのその後のやりとりもまた同様である．

　ここでポイントとなるのは，対象となるある人間にアプローチする際には，
相手がその行動に対して協調する存在であるという基調となる理解が相互にな
ければモデルは構築しようがない，ということである．モデルである以上当然
ながらその構成要素の閾値が必要となる．相手がこちらのアプローチに対して
何をするのか全く見当がつかないのであれば行動のとりようがなくなってしま
うだろう．つまり，こちらのアプローチに同意しようが反意を示そうが，アプ
ローチの意味や意図を理解し，相応の反応をすることが協調行動の基本となる
のである．これが信頼関係の基ということになる．こうしたいわば対人関係的
な順モデルは，現在の我々が乳幼児期において初めは母親に，そして次第に周
囲の人々に対して発生や動作の運動指令を出し，フィードバック信号と照合す
る作業を繰り返し重ねていくことで発達していく（月本 2014）のと同様に，お
そらくは共食の場を中心に長い期間をかけて相互のさまざまなやりとりを積み
重ねることによって進化させていったのであろう．

　初期人類のどの段階でどこまでそうした能力を発達させていたのかは明確に
は分からないが，順モデルと逆モデルを合わせた内部モデルが形成されていく
中で，今日我々が言うところの相手の内的状態に注意を向け自分と同様の心を
持っていると理解する「メンタライジング」や「心の理論」，また相手の立場

や見方に沿った思考や判断をすることができる「視点取得」能力等を身につけていったのである.¹⁹⁾

　このように物をつかむと変わりがない程度に，初期人類の段階で協調的対人的行動が自然に振る舞える脳内内部モデルを構築できたからからこそ，さまざまな状況に臨機応変に対処し得る高度な協調行動をとる集団を形成し，高い淘汰圧を克服することができたのである.

4．共食と文化がつくり上げたコミュニティ

（1）　一堂に会する摂食行動——共食

　前節で見たように本来非常に複雑であるはずの対人的な行動も，固定的な物に対するものと変わらないほどの感覚でやりとりができるようになった．こうした能力は基本的には遺伝子の変異によって身についたものであるが，日常的に確認し合う機会がなければその能力も洗練されることはないだろうし，その後淘汰圧に耐え続けさらに進化することもできなかったであろう．では，その確認し合う機会とはどのようなものであったのだろうか．

　考えられるのは，摂食行動の場面である．当然ながら生物は外部から栄養を取り込まなければ生きていくことはできない．初期人類の場合は樹上から地上に降り，2足歩行によって自由になった手を使って食料を確保していた．それらはその場で食べるのではなく妻子とその一族が待つ家族集団の元へと持ち帰っていたであろう．そしてその場所はおそらく多数が登ることができるような太い幹を持った木が数本は集まっている空間であったろう．捕食者が現れたときには全員がすぐに木の上に退避することができるようにするためである．実際に食べる場所はというと手で運んできた食料を木の上に持っていくのは大変なので，おそらくはその下で皆一堂に会してであったのではないだろうか．この理由として次の3点が挙げられる．

　第一に，一堂に会した方が食料を平等に分配するという点で合理的である，ということである．近年までのアフリカでの狩猟採集民についての報告にある

ように，食料資源確保が生存にぎりぎりの状態では個人の資源分配の格差は生じない（岸上 2003）．集団の協力性によるメリットを最大限に生かして生活している以上，それを乱すようなことは生存にかかわってくるからである．初期人類においては食料資源の確保は家族単位だったかもしれないが，確保できる量はその都度家族ごとでバラバラであったろう．多く確保できた家族もあれば，ほとんど手に入れることができなかった家族もあっただろう．どのような場合であれ，皆が見ている前で平等に分配することが最も容易に安心できる方法である．

　第二に，捕食者が現れた時に退避が容易である，ということである．摂食中というのはそれに集中することになり無防備な状態になりがちである．見張り役はそれなりにいたのであろうが，危険が近づいた場合それを連絡するには一堂に会していた方がいち早く退避行動に移りやすい．

　第三に，一堂に会した方が集団の成員相互の信頼関係を高めやすい，ということである．一堂に会する機会があればまずその場で安否確認ができる．これだけでも個別性の認識力を高めることになったであろう．さらには一堂に会した場での個々相互のやりとりは個別の場合とは異なり集団を意識したものとなるため，複雑な人間関係の内部モデルを発達させていくことになったであろう．そして食べるということは生体を維持することであり，その内臓感覚，内受容感覚というのは正の情動を生み出す．つまり食べている時は機嫌が良いのである．そうした情動がさらに相互の信頼関係を高めていったのではないだろうか．

　このように集団の成員が一堂に会して摂食行動を行うことが，厳しい環境の下，生き抜く上で致命的な欠点となっていた身体的な能力の脆弱性を補う集団での協調行動を洗練させ，さらに進化させていくことになったのである．一堂に会する摂食行動というのは，つまり共食である．この点から考えて，共食というのは人類にとって生存を保障してきた重要な場の設定であり行動なのである．

（2）　発声とペイント――文化のスタート

　集団が一堂に会する共食は，捕食されるリスクを減らす摂食の場を確保する手段として行われるようになった．そしてさらにこの共食は，人間の相互の信頼関係と協調行動をより確かなものにしていく舞台ともなった．そのために生み出されたのが文化である．文化の定義は今日さまざまあり，ここで示すものがそのすべてにあてはまるわけではないが，そのスタートとなったものという意味である．共食の意義は上述した通りだが，その機会を重ねていくうちにただ資源を確保しそれを摂るだけでなく，プラスアルファ的なものが自然発生的に生まれるのは当然ともいえるだろう．考えられるのは，まず共に声を出すことである．もちろん，やたらに声を出せば捕食者に合図を送ることになるので，危険のないもの，たとえば捕食者がいやがるような声や，あるいは無害なたとえば鳥のさえずりの真似であれば可能だっただろう．190万年ほど前にあらわれたホモ・エレクトスになると，道具や火の使用，さらに2足歩行の利点を生かした持久狩猟[20]による肉食も始まったと考えられ，共食も捕食者におびえるだけではない状態で行われるようになったはずである．そうなると声を出すこともバラエティーが見られ，さらにはそれに動作を入れるようにもなり，同じ集団の成員であることの証として体へのペイントも行われるようになっていったのではないだろうか．こうしたつまりは歌や踊り，ペイントは集団の凝集性を高め，人間独自の高度なコミュニティをつくり上げることになっていったと考えられるのである．

5．教え学ぶ能力の獲得

（1）　模倣による協調行動の飛躍的な進化

　今述べたように，脳の巨大化と飛躍的な人類進化が加速していくのは190万年ほど前のホモ・エレクトス以降である．この頃から持久狩猟が行われ肉食が始まったことにより，多くのエネルギーを必要とする脳容量の増大を可能としたと考えられる．だが当然ながらその形質的な変化は放っておいて自然になさ

れるものではない．その都度の遺伝的浮動があり遺伝子の変異による結果としての行動の変化がより適応的になって繁殖を促し，変異のなかった個体さらには集団は駆逐されていったはずである．

　たとえばその前後の準備や処理も含めて狩りをするためには，獲物を仕留めるための槍のような棒状の道具や，その先につける尖頭器，また仕留めた後に獲物をくくって持ち帰るためのひも状のものや，持ち帰った後に分配するための握斧やブレイド，さらには消化しやすくするための火の使用などさまざまな道具やそれに伴う技術が必要となる．これらの発明や習得が一気になされることなどあり得ないだろう．一つひとつがより単純な段階のものから発明され，徐々に応用進歩していったはずである．そして集団の中では，それらを作り，使用法をマスターできた者が有利になっていっただろう．さらにそれらの道具や技術を使いこなし，何かのきっかけで一層の応用が見られるようになるには，単独ではなく複数人で協力することがより効果的であっただろう．こうして，まずは集団の中で道具や技術の使用に長けた者たちが子孫を多く残すことになり，マスターできない者は消えていくことになった．結果として集団の成員のすべてがそうした者で占められることになり，コミュニティとしての凝集性はさらに高くなった．こうした集団は他の集団への選択圧を高め，進歩した道具や技術を持たない集団は滅びることになっていっただろう[21]．このような繰り返しの都度，より複雑な体や指先の動き，そして仲間との協調性が求められ，脳の容量は増大していったはずである．つまりは道具や技術の進歩がさらなる協力性の進歩を促し加速度的に脳の容量が増加したと考えられる（ヘンリック2019）．

　ここで疑問となるのは，なぜ190万年ほど前のホモ・エレクトスからそれ以前と比べると**図1-4**のように加速度的に脳が巨大化し，それに伴い道具の使用や生活技術の進歩が著しくなっていったかということである．遺伝子の変異の頻度は一定であり，ホモ・エレクトス以降に集中して起こるということはあり得ない．考えられるのは，この時期の変異の一つの結果として高度な模倣能力が身についたのではないかということである．模倣能力そのものは，他者の動

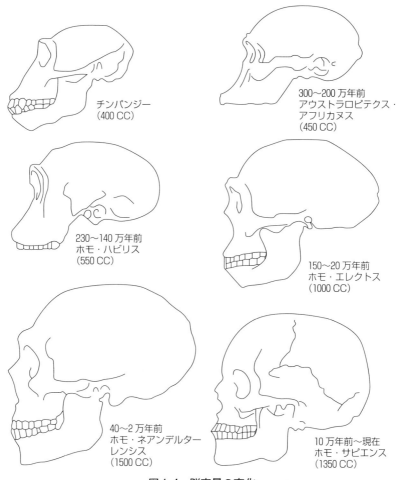

図1-4　脳容量の変化

出典：谷合（2014）.

きを自らのものとして認知する機能を持つ脳内のミラーニューロンが各霊長類
の新皮質に見られることから（Rizzolatti et al. 1996），一定のものはどの霊長類も
持っていると考えられる．だが人間の場合はそれが高度に発達し，動きだけで
なく表情や視線，ちょっとしたしぐさなども模倣することができる（明和
2005）．そして，この高度な模倣能力は他者の行動だけでなく心情までも細か

く自分のものとして認知できる人間の持つメンタライジングの能力へとつながっていった．樹上から地上に降り集団を形成した段階から初期人類は他の類人猿に比べると，こうした能力にある程度秀でていたのかもしれないが，ホモ・エレクトスの段階でかなり高度なものになったのではないだろうか．

（2）　模倣能力から教え学ぶ能力へ

　人類はホモ・エレクトスの段階で道具を飛躍的に進歩させた．だがこのことは優れた模倣能力という裏付けがあってこそ成されたのである．そして高度な模倣能力[22)]をもつということは，相手の心を読むということにつながる．さらに相手の心を読むということは教授と学習を容易にするということになる．

　教える側は学習者が現在どういった技術的段階かを知ることのみならず，どのような心理的状態なのかを把握することによって教える内容や教え方を変更したり工夫を加えたりして，より効果的に教授することができる．また学習者側も先生役である年長者の動作を真似るだけでなく，熟達した技術と関連した心構えといったことを推し量ることによって学習の効率を上げることができる．新たな道具や技術を発明したり発見したりすることを可能とする遺伝子の変異は，それ以前にも見られたであろう．だが，高度な模倣能力がなければその技術力は他へ広まることはなく単発で終わり，進化発展へとつながることはなかった．模倣能力が高ければその者に技術は確実に継承され結果的に集団内に遺伝子として固定していくことになるのである．

　また道具をつくり協調して使いこなしていくには上述した通り，脳内にそれに対応した内部モデルを構築することが必要である．環境世界の情報というのはあまりにも膨大でそのすべてを脳の神経回路で処理するのは到底不可能である[23)]．したがって各生物は自らの生存と種の生存，繁殖に必要なものだけを抽出して加工，処理している[24)]．この点は人間も全く同様である．内部モデルは実際の環境世界の様子を自身の都合に合わせ仮想化したものである．したがって実際のものとモデルとに乖離があれば妥当な行動をとることはできない．それを一致させるためには，自らの知覚で一つひとつ行動しながら確認していくしか

ないのである．モデルが単純なものであるならばそれほどの苦労はないだろうが，人類の場合は次々に道具を発明した上に，それを協力しながら使いこなしていかなければならない．そこで重要となるのが教授つまり教える，学習つまり学ぶという行為である．模倣能力を土台としながらも，複雑な内容を教え学ぶことで道具使用や狩猟採集方法のさらなる進歩が促されていったのである．さらには規範性の基となるコミュニティの内の人間関係に関するマナーや作法，タブーなども教え学ばれていったはずである．

　もちろんこの教え学ぶ能力もいきなり高度化したわけではなく，いくつかの断続的段階を経て進化したと思われる．そしてやはりこれを促したのも共食と文化であっただろう．そのまま一堂に会するのが共食の場であり，そのコミュニティの中での相互のコミュニケーション行為や共同した発声，動作といった文化の萌芽が模倣能力の進化を促すことになったはずである．

お わ り に

　人類の祖先は地球の気候の変化に伴う環境の変化によって，それまでの安住の地を追い出された少数派の変わり者だった．だが，地上に降りざるを得なくなった人類は，２足歩行という変わり者の特性を生かして手を活用するようになり，また少数派だったため結果的に一夫一妻的一族集団を基盤にした協調行動を進化発達させるという遺伝的浮動を可能にした[25]．この協調行動を推進しさらに洗練されたものに進化させていくことになったのは共食という舞台の設定であった．やがてそこで文化が生まれ，さらには模倣能力の進化によって道具の発達をもたらすことになり，今日へとつながる人間ならではの高度なコミュニティをつくり上げることになったのである．

　他の動物は基本的には個の単位で食料を確保し捕食者から逃れることが可能であった．だが人類だけは身体的な能力や条件からそれは極めて困難な状態に追い詰められてしまった．そこからの起死回生の一手が協調行動でありそれを可能にしたのが共食だったのである．

注

1) 遺伝子の変異が固定するには集団規模が小さい方が有利である．譬えていうなら一家族の子の男女数は均一になるとは限らないが，集団が大きくなればなるほど均一に近づく．このように変異の結果が偶然に左右されやすい状態をいう．ただしどのような変異になるかは不確定である．

2) その大きな要因となったのは遺伝子重複である．遺伝子重複は，DNA がコピーされる際に遺伝子を含むある領域が重複する現象のことであり，その時点で表現型等に変化はなくとも確実に遺伝子は増加する．生物進化の歴史では脊椎動物では2度にわたり遺伝子重複が起こったとも言われている（Albertin et al. 2015）．

3) 実際にはその前のエディアカラ紀において生物群の増加は始まっていた．ただしこのエディアカラ生物群の多くは殻や骨格のない柔組織のものであった．

4) もちろん海中である．

5) 遺伝子の変異はランダムに発生し蓄積されていくが，環境の変化がない状態では，表現型の変異が見られる個体は淘汰されてしまう（安定化選択）．だが環境が変わると今度は表現型の変異が見られる個体の方が繁殖することになる（方向性選択）．この場合は方向化選択が働くことになる．また上述したようにエピジェネティックな原因によっても表現型の変異は起こる．

6) 頭骨の底にあり，頭骨と脊柱をつなぐ部分．

7) 2足歩行が開始された理由については次のような説がある．まず森林の林冠部や上部ではなくもっぱら太い枝のある株の果樹を食料としていた個体が水平方向に伸びる太い枝を歩くことに適応したという考え（松村 2012），熱帯林では太陽光がほぼ林冠部の葉で受け止められ，森林上部が高温になるため，気温が高い時には低温の地上部に降りて生活していたことから適応したという考え（Takemoto 2017），樹上生活の中で移動中からだを安定させるために体の上方にある枝に手をかけることによって，前かがみ的な中間形態を経て定着したという考え（更科 2019）である．

8) 森林下部の生活に適応していたため，上部の果樹を確保することが苦手だったからではないかと考えられる．

9) この頃の最強の捕食者はサーベルタイガーとも呼ばれる剣歯虎類である．

10) 当時の状況からして，最も適応的なのは身体のサイズを小さくすることである．実際資源の少ない小さな島では動物のサイズが小さくなる「島嶼化」が見られる．だがこうした著しい変化には数十万年がかかるだろう．

11) このことから考えると熱帯季節林の淵の線上で熱帯雨林から取り残された多くの個体や集団は生き残ることができず絶滅したと考えられる．

12) 上述の通りサヘラントロプスがその後の系統と確実につながっていたかは，まだ分かってはいないがその可能性は高いだろう．

13) それまでになかった行動パターンをとることができるようになるためには，脳内の神経回路がそれを可能にするように配線されなければならない．当然ながら短期間で

そうなるのは不可能である．それでも乾燥化によって熱帯林から季節林に移行する期間はピンポイント的には数万年程度であったと考えられる．その程度の期間で新たな行動パターンを身につけることができるのだろうか．これについては生物の表現型の変化において上述した外適応のように結果的に事前に準備されていたと考えられる．おそらくは人類においても地上に降りる以前から協業能力の萌芽は持ち合わせていたのだろう．

14)　群れで生活する理由の第一は，捕食の被害から逃れることであるという考えもあるが（バーン 2018），地上に降りた初期人類にとっては食料資源の確保がなければ生き残れなかったのであり，同時に二つの困難を克服する必要に迫られていたはずである．

15)　霊長類以外では，たとえばアフリカの地中に生息するハダカデバネズミの高度な協調行動は有名である．

16)　これを言語の起源とする考えもある（コーバリス 2008）．

17)　この状態が常態化すると，統合失調症の主症状である自分の行為が誰かにさせられていると感じる作為体験がみられるようになり，運動主体感が喪失する（佐藤 2011）．

18)　この場合は恐怖や不安，攻撃の状態になる．

19)　この能力の萌芽は初期人類が地上に降りる前から，具体的にはおそらく同系統とすればサヘラントロプスの段階から持っていたのであろう．それを外適応として，2足歩行とともに十分に活用したということなのだろう．

20)　ある程度の速度をもって長距離を走ることができ，発汗作用によって体温を下げることができる人間の身体的，生理的特徴をフルに生かした狩猟方法で，猛暑の中，長時間，時には数日間も獲物を追い込み続け，体温を限界以上に上昇させて倒れたところを仕留める（リーバーマン 2015）．

21)　選択圧がなくても道具や技術の進歩のないままの集団は，ちょっとした環境の変化等に適応していくことができず滅んでいくこともしばしばあったであろう．

22)　人間はこの能力を十分に発達させるために，幼少期においてはいわゆる「ごっこ遊び」等大人の真似をする行動をさかんに行うと考えられる．ただし成長するとこの模倣行動は人間同士の社会的な関係を崩すことにもなりかねないので，それを抑制する機能も発達する．このことは前頭葉に損傷のある患者が他人の動作を異常なほど繰り返すということがしばしば見られる（ブレイクモア＆フリス 2006）ことからも確認できる．

23)　たとえば実際の視覚認知も目からその瞬間のすべての情報を得て処理しているわけではなく，視覚の中心範囲等，行動するのに必要なもの以外はその他の情報で補正している（鈴木 2018）．

24)　たとえば生物ごとの可視域や可聴域もその生物が生きていくのに必要な範囲に限られている．

25)　もちろん少数だから必然的にうまくいったというわけではなく，少数であるがために生存に不利な負の遺伝的浮動も起こりやすく，結果として子孫を残すこともできな

くなりやすいという大きなリスクは存在する．人類の場合はたまたまうまくいったとしか言いようがない．

参考文献

Albertin, C. B. et al. (2015) "The octopus genome and the evolution of cephalopod neural and morphological novelties," *Nature,* 524, 220-224.

Frith, C. D., Blakemore, S. J., & Wolpert, D. M. (2000) "Abnormalities in the awareness and control of action," *Philosophical Transactions of The Royal Society B Biological Sciences,* 355, 1771-1788.

Rizzolatti, G, Fadiga, L., Gallese, V., Fogassi, L. (1996) "Premotor cortex and the recognition of motor actions," *Cognitive Brain Research* 3(2), 131-141.

Smith, T. M. (2018) *The tales teeth tell,* The MIT Press, p. 112.

Takemoto, H. (2017) "Acquisition of terrestrial life by human ancestors influenced by forest microclimate," *Scientific Reports,* 7, 5741.

乾敏郎（2018）『感情とはそもそも何なのか』ミネルヴァ書房，pp. 45-46.

岸上伸啓（2003）「狩猟採集民社会における食物分配」『国立民族学博物館研究報告』27(4)，725-775.

コーバリス，M. C.（2008）『言葉は身振りから進化した』大久保街亜訳，勁草書房.

佐藤徳（2011）「何が自己を自己たらしめるか？　運動主体感の研究から」『認知科学』18(1)，29-40，日本認知科学会.

更科功（2018）『絶滅の人類史』NHK 出版.

更科功（2019）『残酷な進化論』NHK 出版，pp. 157f.

鈴木匡子（2018）「脳損傷からみたヒトの視・空間認知機能のしくみ」認知神経科学会『認知神経科学』20(1)，33-37.

谷合稔（2014）『地球生命――138 億年の進化』SB クリエイティブ.

月本洋（2014）「対話が作る心：身体運動意味論からみた対話」『心理学ワールド』64，13-16.

テイラー，J.（2018）『人類の進化が病を生んだ』小谷野昭子訳，河出書房新社，pp. 185-229.

ドゥ・ヴァール，F.（2017）『動物の賢さがわかるほど人間は賢いのか』柴田裕之訳，紀伊國屋書店.

竹本博幸（2017）「人類はなぜ森林のなかで地上生活を始めたのか――ボノボとチンパンジーの生態から探る」『academist Journal』https://academist-cf.com/jounal/

バーン，R. W.（2018）『洞察の起源』小山高正・田淵朋香・小山久美子訳，新曜社，p. 99.

ファインバーグ，T. E.&マラット，J. M.（2017）『意識の進化的起源』鈴木大地訳，勁草書房，pp. 65-77.

ブレイクモア，S. J.&フリス，U.（2006）『脳の学習力』乾敏郎・山下博志・吉田千里訳，

　　　岩波書店，p. 248.

ヘンリック，J.（2019）『文化がヒトを進化させた』今西康子訳，白揚社.

松村秋芳（2012）「初期人類と類人猿の下肢骨形態からみた直立二足歩行の進化」『昭和医
　　　会誌』72-2，170-176.

明和政子（2005）「模倣はいかに進化してきたのか？」『バイオメカニズム学会誌』29(1)，
　　　9-13.

安成哲三（2013）「「ヒマラヤの上昇と人類の進化」再考——第三紀末から第四紀における
　　　テクトニクス・気候生態系・人類進化をめぐって——」『ヒマラヤ学誌』14，19-38.

リーバーマン，D. E.（2015）『人体六〇〇万年史』（上）塩原通緒翻訳，早川書房，pp.
　　　133-134.

第2章　先史時代における共食と文化の広がり

は じ め に

　人類は現在のチンパンジーとボノボの祖先と分岐した 700 万年ほど前，そして樹上から地上に降りざるを得なくなった 440 万年ほど前以降，非常に厳しい生活環境の下で，常に絶滅の危機に直面しながらも辛うじて生き残ることができた．当時の人類の体の大きさや身体能力，生殖能力から見て，食料資源の獲得や捕食者からの危険度を考えた場合，客観的に見ればどう考えても種を存続させていくのは難しい状態であった．生き残れたのは，まさの奇跡といってよい．当時のアフリカの乾燥化によって熱帯雨林が疎林に変化していく中，我々の祖先ともなり得た他の多くの霊長類の個体あるいは集団が滅んでいったはずである．その中でおそらくはただ一つの集団が，共食の形態をとることができた[1]．そしてそれを基にした協調行動とコミュニティの原型をつくることによって生き残ることができたのである．

　その後も数百万年間に渡って綱渡り状態が続いた中，潮目が変わったのは 190 万年ほど前である．共食という舞台において協調行動を確かなものにする文化が生まれ[2]，さらに模倣能力の進化発達により道具の発明，進歩が見られるようになった[3]．さらにそれを教え学ぶこともできるようになったため，共進化的に認知能力や指先の器用さも増し，次第に加速度的といってもよいスピード[4]でコミュニティでの生活形態は安定していった．

　ただし 190 万年ほど前のホモ・エレクトス以降はすべてが無事平穏だったのかというと，決してそのようなことはない．やはり幾度となく絶滅の危機は訪

れていた．それらを何とか克服して今日に至っているのである．そしてその克服の基盤となったのもやはり共食と文化だったのである．本章では，約 30 万〜20 万年前に現れた我々の直接の祖先であるホモ・サピエンス以降の先史時代における共食と文化の広がりと，それに伴う異なるコミュニティ同士の連携を取り上げていく．

1．狩猟採集民における共食の意義

　先史時代の共食と文化について考察を行っていくには，近年まで周囲の世界と接触せず，狩猟採集を中心に伝統的な生活を維持してきた小規模コミュニティの状況を見ることが参考になるだろう．ここでは序章でも引用した丹野正が 1980 年代アフリカで行ったフィールドワークの報告を主に取り上げ，彼らの生活の中から主に共食についてリバースエンジニアリング的に分析を試みたい．

　アフリカ中央部に位置する熱帯雨林地帯には狩猟採集民であるピグミー系の人々が居住しており（図 2-1），そのうち北西部にはアカと呼ばれる部族が住んでいる．丹野（2005）はアカ・ピグミーの生活の状況や食料資源の確保と分配について，数カ月に渡り共に生活しながら観察を行い，次のような報告を行っている．

　アカ・ピグミーは狩猟，採集に適した場所にキャンプを構え，移動しながら生活している．食料資源としては主に狩猟による森林性のカモシカであるダイカー類と採集による蝶や蛾の幼虫類や植物性食物である．ダイカー類の狩猟は男性，それ以外の採集は女性によって行われている．

　丹野によれば，確保した獲物や採集物は居合わせたキャンプのメンバーにもれなく分配される．大型の獲物が捕獲された場合はキャンプのコミュニティの最年長者であるカピタが，切り分けられた肉を「これは誰に，こちらは誰に」という具合に分配先を指図する場合もある．分配された後は家族ごとに調理され食されることになる．調理する場所も食べる場所もそれぞれの小屋の前なの

図 2-1　アカ・ピグミー及びサン族の生活域
出典：木村（2003）を参考に筆者作成.

で，自然と共食の形がつくられる.

　この食料の確保と分配に関しての特徴は，捕獲，採集した食料資源に具体的な所有者は，まずいないということである．たてまえ上は，槍にしろ網にしろ仕留めた際に用いた道具の持ち主のものということになるのだが，そのことは決して表面化されることはなく，部外者が「この獲物は誰のものか」と質問したときのみに言葉で表す．通常は誰もそのことを言わず暗黙の了解ということになっている．分配されるときには黙って食料を受け取り，お礼の言葉は言わない．部外者が「ありがとう」と言うと年長者に「言うな」と注意される．分配されるのが当たり前だからである．さらに特筆すべきは，実際にそれを仕留めた当事者には肉は分配されることはないということである．当事者は分配時に別の食料を独自で確保する．一見すると理解に苦しむこの行動を，丹野（2007）やその他のフィールドワーカーによるアフリカの狩猟採集民の諸研究内容を踏まえての考察を基に解釈すると次のようになるだろう．

　アカ・ピグミーやまた他の狩猟採集民では，獲物などの食料資源に個人の所有者はいない．個人が所有するとなると獲得してきたものをどのように扱おうがその当事者の自由となるが，所有者ではないため，当事者としてもそれをどうすることもできない．ただ暗黙のルールにしたがってメンバーで分かち合うことができるだけである．捕獲した者の所有を認めれば獲物が大きければ大きいほど所有することが有利になり，メンバー内の格差が生まれることになる．そのため捕獲者は逆に不利になるような扱いを受けたり，他の部族では大きな獲物であるほど「貧弱で大したことのないものだ」という評価を与えられたりする．こうすることによって，メンバー間の格差が生まれないように均衡を図っているのである．実際 1960〜70 年代に，アフリカ南東部カラハリ地方の狩猟採集民サン族と，長期間寝食を共にしてフィールドワークを行った Lee (1979) は，あるシーズンの最後にお礼の気持ちを込めて牛を丸ごと一頭プレゼントした際，感謝どころか部族のメンバー全員から牛のことを酷評され，いたたまれない気持ちになったことを綴っている．

　だがいくらメンバー間の格差が生じないためとはいえ，我々の感覚からすれば苦労して獲物を仕留めた当事者が表面的に何の恩恵もないというのは，なかなか納得できるものではない．そうしたことが常識となっているということは，それだけ非常に長い期間の経験の蓄積があったということになるのである．おそらくは狩猟採集の生活が定着して以来のことなのだろう．このことから考えられるのは，次の 2 点である．

　第一にそれだけ食料資源の確保というのは貴重で厳しいものだった，ということである．我々がいくら頭でそのことを理解したとしても，所詮豊富な食料に囲まれて日々生活しているのが実際である．そこまでしないと，次の食料資源の獲得に悪影響が出て，ひいては結果的に食料不足に陥る危険性があるということが実感できないのである．常に飢餓と隣り合わせの生活状態では，食料を得るということがいかに重要なことであったかということを物語っている．

　第二に特に食料に関しては所有権は個人にはなく集団，つまりコミュニティ全体にあるとした方が有利であった，ということである．このことは食料が確

保できている時というよりも，そうでない時の方が重要だったと思われる．食料が確保できず食料不足に陥った場合，どのような対処方法があるだろうか．自力で無理なら他力に頼るしかない．おそらくは他のコミュニティと交換，つまり交易を行うことによって切り抜けたと考えられる．食料の備蓄など，その頃はそれほどできるものでもなかったであろう．その際に「輸入」の立場であろうが「輸出」であろうが，個人の恣意性の出番などなかったはずである．メンバーが生き残っていくための不当に最低限の食料だけを取り扱ったであろう．個人の所有権を徹底的に否定しておかなければ，コミュニティとして生き残ることはできなかったのである．[5]

　先ほどの Lee の事例でも，その後酷評された牛を解体しての大宴会は大変な盛り上がりだったようである（Lee 1979）．[6] 牛，ひいてはその提供者への酷評は，あくまでも平等性を保つための方便だったいうところだろう．彼らにとっての共食は，コミュニティのメンバー全員に平等に食料を分配しているという明示的な証明の機会であり，それによってコミュニティを維持していくために必要な協力行動の安定的継続を図るための装置ともいえるのである．

　以上の事例では食料資源の確保と分配に重点を置いた報告が中心だったので，文化的側面はあまり描かれてはいない．だが狩りやその際のチームワークを形成する上で，たとえば共に歌い踊る機会は大切なものであるはずであり，Lee の報告を含め大猟の時の共食も決してただ食べていたわけだはないだろう．歌い踊りながら皆で共食の場を十分に楽しみ，相互の信頼関係をさらに深めていったに違いない．

2．先史時代におけるコミュニティ同士の連携

　前節では近年の狩猟採集民の生活形態を参照することによって，基本的に同様の生活をしていた先史時代のコミュニティにおける共食と文化について推察したわけだが，実際はどうだったのだろうか．現在それを考察できるような遺跡はそう多くは残っていないが，それらから見えてくるのは，厳しい地球環境

の中で生き抜いていくためのコミュニティ同士の連携である．そしてそれを支えたものは共食と文化の広がりである．ここではまず 6 〜 5 万年前にホモ・サピエンスが，それまで生活を営んでいたアフリカから世界各地へ移動を開始する以前の段階である 7 万 4000 年前，そして現代に近づいた 1 万年前から数千年前までの先史時代の例を挙げて考えていきたい．

（1）　7 万 4000 年前の危機

　近年，地球環境の歴史は実に荒々しく，変化の激しいものであることが分かってきた．これは世界各地で掘削されたコア（柱状試料）や氷床やあるいは湖底の試料を詳細に分析した研究の結果である．我々の祖先も第四紀氷期と呼ばれる過去 155 万年の間に，少なくとも 9 回の長い氷期をくぐり抜けてきており，それぞれの氷期は短い温暖な時期をはさみ 10 万年前後の間隔で繰り返されてきた（伊藤・阿部 2007）．ホモ・サピエンス出現以降，現在に至るまでも決して平穏に暮らしてきたわけではない．環境的な危機的状況は幾度もあったのである（**表**2-1 参照）．

　中でも 7 万 4000 年前に，ヴュルム氷期へと突入していくきっかけとなった気候の大変化は，人類を滅亡の淵まで追い込んだ．この時に現在のインドネシア，スマトラ島で起こったトバ火山の大噴火は，過去 10 万年間で最大のものだった．これによって吹き上げられた硫酸エアロゾルはおよそ 10 日間で地球

表 2-1　第四紀氷期後期の推移

年　代	氷期と間氷期の名称	イベント
30 万年前〜23 万年前	ミンデル氷期	ホモ・サピエンスがあらわれる
23 万年前〜18 万年前	ミンデル・リス間氷期	
18 万年前〜13 万年前	リス氷期	
13 万年前〜7 万年前	リス・ヴュルム間氷期	
7 万年前〜1 万 5000 年前	ヴュルム氷期（最終氷期）	トバ・カタストロフ
1 万 5000 年前〜現在	後氷期（最終間氷期）	現在の間氷期 農耕牧畜から文明が発展

出典：筆者作成．

全体に広がり，世界を厚い雲で覆った．気温は一気に 15℃ も下がり，世界の
ほとんどの地域が氷点下となって，それが 10 年間続いた[8]．食料は尽き，多く
の種が絶滅したと考えられる．当然，人類もその危機に立たされた（Rampino
& Ambrose 2000）．だが，トバ・カタストロフと呼ばれるこの大災害に遭遇して
も，一部の人類は生きのびることができた．この理由は何だろうか．

　ホモ・サピエンスが現れたのは 30 万年ほど前だが，その化石が発掘された
現在のケニア南部では最大 80 km ほど離れた範囲で同じように加工された黒
曜石が見つかっている（Brooks et al. 2018）．これは離れた地域においてコミュニ
ティ同士の交流があったことを物語っている．30 万年前といえば，その後 7
万年間続くミンデル氷期が始まる時期であり，当時の人類は気温の低下と乾燥
化に苦しんだはずである．単独でコミュニティが生きていくのが難しくなった
中，必要なものを独り占めしたり，奪い取ったりするわけではなく，互いに
持っているものを交換することができた者たちのみが命をつなぐことができた
ということになるだろう．そして，こうした交流が脳の容量を増加させホモ・
サピエンスの誕生につながったのである（Brooks et al. 2018）．そしてその後のト
バ・カタストロフにおいて，この交流は交易と発展し，相互に協力することが
できたコミュニティだけが生き残ることができたのである．

　黒曜石は金属が使われるようになるまでは石器の材料として非常に用途の広
いものであり，貴重なものであった．だがそれがあったからといって，それだ
けで生きていけるわけではない．食料がなければそれを使う体力も維持できな
い．その時の状況を考えれば黒曜石と交換したものは当然食料であったろう．
与える側も決して余裕があったわけではないのだろうが，いつ逆の立場になる
か分からない．そのためにはわずかでも余剰分を渡し，いざという時にはお返
しをしてもらうということだったのだろう．食料を手に入れるための交易先は
複数のコミュニティに渡ったかもしれない．そして手に入れた食料は自らのコ
ミュニティに持ち帰り，やはり共食の場で平等に分配されたはずである．

　こうしたことが可能となったのは，他のコミュニティが自分たちと同じよう
な人間たちから構成されており，コミュニティの構造も同様であるという認識

を持っていたからである．共食の場において相互の信頼関係を確認し，それを
基盤として狩猟採集をメンバー全員で行うという生活形態を，少なくとも交易
をしていたコミュニティ同士は共有していたわけである．また，他のコミュニ
ティに赴き食料の交換を求めるということは，相手に対し理解してもらうため
のそれなりの儀式的な手続きがあったはずである．共食の場から生まれた文化
がこうした場合にも生かされたのではないだろうか．その意味で共食と文化が
広範囲に広がっていったということになるだろう．

　数万年も前の地層なので専ら黒曜石が発掘されたわけだが，おそらくは食料
の交換対象となったものは，それ以外にも道具類などさまざまあったことだろ
う．いつ襲ってくるか分からない干ばつに備えて，各コミュニティでは保存で
きる食料はもちろん，自分たちが食料を必要とする場合のために交換に堪える
道具類の開発，製作にも教え学びながら励んだのではないかと思われる．そう
した行動がさらに道具の進歩とコミュニティの高度化を促したことだろう．

（2）　縄文時代の交易

　こうしたことは日本でも見られたと考えられる．時代は下るが，たとえば青
森県の三内丸山遺跡である．三内丸山遺跡は，5000年ほど前の縄文時代に最
大時人口が500人に達した我が国を代表する大規模遺跡であるが[9]，この遺跡か
らは黒曜石，琥珀，漆器，翡翠製大珠が出土している（青森県教育委員会 2000）．
これらの中には明らかに地元青森から産出されないものが含まれている．特に
翡翠は当時糸魚川でしか産出されず，当時の青森と新潟地域の交流が推察され
る．さらに現在の出土物の詳細な分析や今後の出土物によっては，日本国内本
州だけでなく，北海道，大陸，さらに樺太等北方地域との交流の可能性もある．
交流があったならば必ずその移動手段があったのであり，また交流は交易であ
るので，青森県側から「輸出」したものもあったはずである．この時代であれ
ば交易品は相互に道具や装飾品とその原材料といったものが中心であったろう
が，その地域の特産物的な食料もあったかもしれない．

　距離的にかなり遠い地域へ移動していたとなれば，当然単独でできるもので

図 2-2　縄文時代の翡翠の産出地

はない．移動手段が特定されているわけではないが，陸路というよりは海路の
方が現実的であったろう．そのための舟の建造や操船については，かなりの人
数の人間が協力しないとできるものではない．三内丸山では狩猟や漁労とクリ
やクヌギの実などの栽培を組み合わせた定住の食生活を送っていた．6〜5万
年前の出アフリカ以前の頃と比べれば食料は豊かになっており，共食も人口規
模から考えてコミュニティ全体でというより家族単位でのものであったと思わ
れるが，集会ができる建物跡もあり祭祀的な場では一堂に会することもあった
だろう．住居跡から見ると住居跡には大きさの差はなく，特別な権力者はいな
かったようだ．したがって交易をするという意向も個人の恣意的なものではな
かったはずである．交易した物品また食料も個人所有ではなく，コミュニティ
全体の所有物とされていたと考えられる．こうした難事業を行う上ではとかく
我々の感覚の感覚では権力者による強力なリーダーシップシップによるものと，
とらえがちである．だが，三内丸山では共食と文化の発達の結果として，皆で
教え学びながら協調した行動をとることによって**図 2-2** のように 400 Km も離
れた遠い地域との交易という大事を成すことができたということになるだろう．

　しかし，他地域との協力と言うのは簡単だが，実際に行動として進めていくのはそう容易ではない．仮に青森から新潟に交易のため青森の産品を持って移動したとして，その間の移動の苦労もさることながら，現地においてはその使節員の命は完全に現地の共同体に委ねることになる．現地共同体としては新潟の希少な翡翠を提供するよりは，青森産品をただ収奪するだけの方がその場においては利得があるだろう．それは逆の立場でも全く同様である．だが，三内丸山に一定量の翡翠が出土しているということは，交易が一回限りではなく継続していたことを物語っている．当時の人々は収奪という短期的でその場だけの利得よりも，交易という長期的で継続的な利得を重視したのである．

　そして交易品の種類が増え，さらに遠方からの訪問であれば，現地到着後，交易品の品定めや疲れを癒すために，すぐに帰還するのではなく，しばらくは当地に滞在したことであろう．その際に交友を深めたり今後の商談を行ったりする場として接待，つまり共食の場が設定されたことは想像に難くない．さらには，もともとは共同の発声やペイントからスタートした文化が歌や踊りといった芸能的な形として発達し，もてなしとして利用されたかもしれない．食料資源や物が豊かになってくると，コミュニティの利益のために共食と文化が利用されるようになったということになる．

（3）　農耕牧畜の開始と共食，文化

　トルコのシリア国境に近いシャンルウルファという町の近郊には，1万2000年～8000年前に建設され，巨大な石柱や多くの石像が発掘されているギョベクリ・テペ遺跡がある（**図2-3**参照）．この遺跡の全容はまだ解明されていないものの，その規模の大きさや発掘内容から世界最古の宗教施設ではないかということで注目を浴びている（Collins 2014）．発掘調査によれば，もともと狩猟採集が行われていた土地に初期のギョベクリ・テペが建設され，その後家畜となる動物が囲い込まれ次第に農作物も栽培されるようになったらしい．そしてその後，古代メソポタミア地方では1万年前頃からギョベクリ・テペを真似するかのように巨大な施設が多くつくられるようになった．

図 2-3　ギョベクリ・テペ遺跡の位置

　このように大きな施設が建設されるようになった理由は次のようなものと考えられる．この頃この地方一帯に干ばつが度々襲うようになった．このため人口が過剰気味だったメソポタミア地方で食料資源をめぐってコミュニティ同士の争いが目立つようになった．そこで，相互の協力，融和の確認の場として壮大な施設がつくられるようになったというわけである．そしてその施設の供物として継続的に栽培され続けたのが，現在世界中で主食となっている小麦の現生種であった．[10] つまり小麦はもともと人々が現在のように食べる目的で栽培されていたわけではなく，当初は供物として用いられ，それが 2000 年ほど栽培され続けているうちに品種改良され，広く食用とされるようになったのである．[11] またこの供物種を使ったアルコールも醸造されていたらしい．当時は壮大な神殿や供物，そしてアルコールも利用して相互の協力と融和を確認し合ったのであろう．

　これについて考えられるのは，小麦以外も含め貴重品であった供物としての食料を，そのまま腐らせるわけにもいかないので，ある程度の期間が過ぎたら食していたであろうということである．コミュニティ同士の融和を図るため，

代表者たちが集まり壮大な神殿を前に祈りを捧げた後，共食の場が設けられて
いたのであろう．そして和合のための歌や踊り，あるいは劇のような芸能も繰
り広げられていたのではないか．この時点ではまだ食料は常に手に入るかどう
かわからない貴重品であり，その所有は個人ではなかった．ただし神殿に捧げ
るという行為から示唆されるように神の所有物という概念ができ上がるように
なっていった可能性はあるだろう．いずれにせよ，こういった要素があったか
らこそ 4000 年もの間，この施設の建設と使用が継続したのである．もちろん
継続した裏には教え学ぶ行為が連綿と続けられたであろうことは言うまでもな
い．結果的に共食と文化の広がりが，さらに規模が拡大して展開したわけであ
る．

　以上三つの例では，時代を経るにしたがって食料資源を確保する量は安定し
ていったということになる．だが事例中にもあるように気候の寒冷化，乾燥化
による干ばつはトバ火山の場合に限らず，人類史全体から見ればひっきりなし
に起こっていた．そのために獲物もとれず採集もままならないまま，あるいは
水資源も手に入れられずに絶滅したコミュニティも相当数あったはずである．
そうした試練をかいくぐることができた，ごく一部のコミュニティが相互に連
携していくことを見出し，一気に子孫を多く残すこととなった．このいわゆる
ボトルネック効果によって，現在の我々は遺伝子の多様性が少なく均一性の高
い集団として現在に至っているのである．

おわりに

　貴重な食料を確保するにはコミュニティ全員の協力が必要であり，それが欠
けるとコミュニティの存続にかかわってくる．となればメンバーの平等が最優
先され，その個人所有も認められない，ということは以上見てきた通りであり，
理屈の上でも納得できることであろう．そしてコミュニティのメンバー同士の
信頼感を高め，ハイレベルな協調行動をとりやすくするために何かできるとす

れば，それをやらない手はないだろう．しかもそれを全員で行えば楽しくなり
気分が高揚するのである．文化の嚆矢というのはこうしたものだったはずであ
ると考えるのは自然だろう．そして，こうしたことが百万年単位で継続してい
たとなれば，我々には人間同士の信頼関係をつくりやすい共食という場を欲し，
自身の気持ちを高揚させるために文化的な活動を共に行いたい，という本能的
な性質が身についている，としか言いようがないはずである．

　だが時代を経て，この基本的な性質を生かすことができなくなっているのは，
ギョベクリ・テペの例で示唆されているように，農耕と家畜化した動物の飼育
による食料の増産とそれに伴うコミュニティ規模の拡大，そして本来はコミュ
ニティ同士の融和をはかるためだった神の設定とその顕在化であるといえる．
食料の増産といっても農耕は不安定なので備蓄できるときもあればマイナスと
なることもある．そこで権力者が生まれ個人所有が明確になっていく．そうな
るとコミュニティ内の平等は崩れ，またせっかく集団として身につけたコミュ
ニティ同士の連携も権謀術数的なものとなってしまった．このようにして本来
のコミュニティの性質や機能からはずれた問題点というのは，現代まで引き継
がれ，さまざまな問題が生じているのである．だが我々の本能的性質はそう簡
単に変わるわけではない．現代において，コミュニティの衰退という人間に
とって根本的な問題に対処していくには，先人の例も参考にしながら共食と文
化を現代風にうまくアレンジしていくことが必要なのである．

注
　1）　第1章でも述べたように，初期人類がその後，種を存続し続けることができたのは，
　　　高度な集団化戦略によるものであるが，それまでバラバラに生活していた個体がいき
　　　なり集団化するような突然変異が起こったというわけではなく，700万年前のサヘラ
　　　ントロプス段階での犬歯の縮小に見られるように，その時点で家族単位の集団化はあ
　　　る程度は進んでいたと考えられる．
　2）　協調した発声や身体的行動といった文化の嚆矢となるものは，それ以前から生まれ
　　　ていたであろう．
　3）　この時期以前にも石器はつくられていたが，ホモ・エレクトスによって制作された
　　　アシュール型石器はそれに比べればかなり精巧であり，その一つのハンドアックス

（握斧）は肉の解体に使われていたらしい（クライン＆エドガー　2004）.

4）　加速度的と言っても本当にそうなるのは，ここ 1 万年程度となるだろう．それに比べればそれ以前は非常にゆっくりしたペースであった．それでも人間の脳の容量も文化の内容も少しずつ蓄積され続けてきたからこそ，現在につながっているのである.

5）　狩猟採集民では食料以外の物についても，狩猟の道具以外はその所有権というのは曖昧である．丹野正は自身の現地調査中のエピソードとして，次のことを挙げている．調査を開始してある程度の期間が過ぎたときに，アカ・ピグミーの一人が突然丹野の持っているたばこを指さし「それをくれ」と，さも当然のように要求をした．アカ・ピグミーの間ではこのような要求があった場合は断ることは，よほどでない限りできるものではなく，丹野もすぐに要求に従いたばこを渡したという．これは，一定期間が過ぎたことによってキャンプの人々が部外者である日本から来た研究者を，仲間として受け入れ人間同士のつながりを認めたからであり，仲間内であれば物品の所有の移転は当然の行為となるわけである．したがってそれを断るということは，仲間になることを拒否し，人間関係のつながりを持たないということになるのである（2013 年の本人の談話による）.

6）　このことに関する Lee の具体的な記述はないが，自らが提供した牛の肉は柔らかくておいしく，成功を実感したということなので，そう推察される.

7）　近年の化石の発見から 18 万年前に出アフリカが始まったという説もある.

8）　これにともない海水温も低下したため降水量は，それまでの半分程度になったと思われる.

9）　縄文時代前期から中期（約 5500 年前〜4000 年前）に存在した大規模集落跡で，日本でも最大クラスの規模であった.

10）　確認はされていないが牧畜の開始も同様の理由だった可能性はある.

11）　改良される以前から食用そのものにはなっていた.

参考文献

Brooks, A. S. et al. (2018) "Long-distance stone transport and pigment use in the earliest Middle Stone Age," *Science*, 360, 90-94.

Collins, A. (2014) *Gobekli Tepe: Genesis of the Gods: The Temple of the Watchers and the Discovery of Eden*, Bear & Company.

Lee, R. (1979) The *! Kung San: Men, Women, and Work in a Foraging Society, Cambridge*, Cambridge University Press, pp. 23-24.

Rampino, M. R. & Ambrose, S. H. (2000) "Volcanic winter in the Garden of Eden: The Toba supereruption and the late Pleistocene human population crash," *Special Paper of the Geological Society of America*, 345, 71-82.

青森県教育委員会（2000）『史跡三内丸山遺跡年報』3.

伊藤孝士・阿部彩子（2007）「第四紀の氷期サイクルと日射量変動」『地学雑誌』116(6),

768-782.

木村大治（2003）『共在感覚──アフリカの二つの社会における言語的相互行為から』京
　都大学学術出版会.

クライン，R.G.&エドガー，B.（2004）『5万年前に人類に何が起きたか』鈴木淑美訳，
　新書館，p.150.

丹野正（2005）「シェアリング，贈与，交換──共同体，親交関係，社会」『弘前大学大学
　院地域社会研究科年報』1，63-80.

丹野正（2007）「クン・サンの「きついジョーク」はいつ・どこで語られたのか」『弘前大
　学大学院地域社会研究科年報』3，37 47.

第 3 章　食事文化の歴史的な流れとコミュニティ

は じ め に

　人間は大いなる自然のサイクルの中で，植物採集，狩猟，漁猟などにより糧を得て生きてきた．長い歴史の推移の中で，やがて作物を栽培し，家畜を飼育するようになり，ライフスタイルを変容させていく．そこには，自らが生きる場所の気候風土を理解し，より多くの収穫を得るためのたゆまぬ努力が繰り返されていた．

　食物を摂取すること，つまり「食べる」という行動は，人間に限らず，動物にとって生存上の最も重要なものである．しかし，動物が食物を摂取することを「食事」ということはない．動物が食物を摂るとき，それはあくまでも個体レベルにおける生きるための本能充足であって，食物は個体を維持していくための栄養補給源となるに過ぎない．したがって食事は，極めて人間的な行為であるといえる．

　この人間の食事には，さらに新たな役割が付け加わり，単なる個体維持のレベルを超えた社会的な意義を持つようになる．そしてそれは徐々に質的な変化を遂げ，集団を単位とした共同飲食，すなわち本章，また本書のキーワードでもある共食となる．その共食の場で展開される社会的なコミュニケーションは，一方では人間のみならず超自然とのコミュニケーションのレベルにまで高められ，文化として形成されるに至っている（田中 1987）．

　本章では，人間にとっての食，なかでも食事の文化に焦点をあて，そのあり方が日本の食文化史上どのような変遷をたどってきたかを概観するとともに，

共食とコミュニティとの関連性を踏まえながら，人間にとっての食事の意義について考えていく．

1．人類と食事の文化

（1）　食文化と食事文化

　石毛（1973）は食文化と食事文化の違いについて，次のように述べている[6]．まず，食文化とは，食料生産や食料の流通，食物の栄養や食物摂取と人体の生理に関する観念などを含めた，食に関わるあらゆる事項の文化的側面を対象とするとしている．これに対して食事文化とは，料理を中心とする食品加工体系と，食物に対する価値観と食に対する人間のふるまい方，すなわち食行動の体系に関する事柄を対象としており，食文化よりは狭い範囲の事項を対象としている．

　前述の通り，この食事という行為は，他の動物にはない極めて人間的な行為といえるが，その起こりは，狩猟と肉食，および獲物の分配と密接な関係を持っていたとみられる．霊長類は一般に，植物食を中心としながら，昆虫や小動物をも食する雑食性の系統群である．人類は一貫してこの霊長類としての特性を保持し，食の基盤を植物におきながら，狩猟という新しい生計手段を発達させてきた．

　動物の狩猟は植物採集に比べて，困難かつ不安定な食糧獲得手段であったが，肉という食品のもつ栄養価の高さと嗜好性の面から，人類は狩人への道を選択していったものと思われる．それを機に，植物採集は女性が行い，男性は狩猟を行うという男女間の分業が確立し，家族という社会単位が出来上がっていった．

　また，集団による共同狩猟の必要性と，子どもの養育，保護のため，数家族以上の規模の集団的なまとまりと永続的な拠点が不可欠になったことから，近隣集団との間にも緊密な連帯関係が結ばれていったものとみられる．日々に採集した植物性の食物は各家族単位で消費されたが，狩猟で得られた肉は，集団

メンバー全員の間で分配され，賞味された．他の集団からやってきた訪問者もその場に加わり，肉を囲んで人々は楽しく歓談し，また多くの場合，歌や踊りに興じたことであろう．このようにして，食事は集団の連帯の中で確立していったものと思われる（田中 1987）．

（2）　文化としての調理と共食

　人類は，収穫した大切な食料をどのようにすればおいしく食べられるか，長持ちさせるにはどのような加工をすればよいかなどを熟考し，調理法や加工法，貯蔵法を開発してきた．また，食べるという行為においても，家族や仲間，さらには，地域社会の人々と共に食べることで喜びを分かち合い，苦しい時も食を共にすることで苦難を乗り越え，食に深い意味と価値を見出してきた．

　調理という人間の行為は，自然の産物である食料を安全かつよりおいしく食べるために文化を付加する側面，いいかえると食品の加工であり，食に関する物質的側面を対象としている．一方，共食を契機として成立したのは，食べるという人間の本能的な行為に文化を付加することであり，対象となるのは食の社会的側面といえる．安全でおいしい食事を共にすることを通して，人々はその関係性をより良好なものとしていったであろう．つまり，食の文化の物質的側面と社会的側面は相互に関連し，影響を及ぼし合いながら発展してきたと考えられる．

　人間の食事は，他の動物が原則的に個体単位にとるのと違い，他の人々と一緒に食べること，共食が原則とされるが，世界の各民族を通じて共食する集団の最も基本的な単位は家族である．また，共食とは限りある食物を分かち合うことでもあり，分配に際して力のある者が食物を独占すると，食事の場の秩序が保てない．この共食をめぐって成立したルールが食卓の作法の起源となる．

　このように考えると，個々の人間の食事行動は，共食の基本的な単位である家族という人的環境の中で大きく影響を受けて形成されるものであるといえる．また裏を返せば，食事行動に影響を与える共食の場の存在こそが，家族というコミュニティの象徴として位置づけることもできるであろう．

2．日本の食文化史にみる共食とコミュニティ

　前節で述べたことを踏まえ，本節では，はじめに各時代にみられるより広い範囲で食をとらえた場合の，食文化の特徴的な事項について述べた上で，それらを背景とした食事文化に焦点を絞り，コミュニティ形成の観点からみていくことにする．

（1）　原始（縄文・弥生時代）
(i)食料採集から稲作へ
　日本の原始社会において初めて土器が出現したといわれる縄文時代には，土器の使用により，それまでの生食や焼いて食べるだけの調理法に，新たに煮炊きが加わった．食材は，野山で採集した木の実，狩りをして捕らえた獣の肉，海や川で捕った魚や貝などで，食料採集を主体とする食生活を送っていたとみられる．

　調理法が多様化したことにより，栄養面や嗜好性の面でメリットがもたらされたことはもちろん，料理を囲んで人々がともに過ごすひとときは社会的な交流を生み出した．食料を集める者，調理をする者，動物の襲撃に備えたり，仲間の食べ物を盗まれないように見張る者など，役割分担も促された．こうして食料を調理して食べる暮らしへの移行とともに，協力とコミュニケーションが生まれたのである（DeFries 2014）．

　弥生時代になると稲作が北九州から四国，本州全土に徐々に広がり，豊かな水源を利用した水田が各地でみられるようになる．人々は安定した食料の生産を確保するために，集落を形成して定住を始め，栽培技術の向上を図るとともに，農具や工芸品，調理に使用する器具などの製作も行った．

　集落での定住により，人々のライフスタイルは激変した．食料を探して移動していた頃は集団のメンバーはみなほぼ平等な立場であった．そのような暮らしから，一カ所にとどまって作物を育て，収穫し，食料を貯蔵する暮らしに変

わったのである．貯蔵食料を管理する役割は狩猟採集生活にはなかった権威ある立場となり，これ以降，集落は権力者が権限を握る，より複雑な社会へと発展を遂げていく．

(ii)土器のある生活とコミュニティ

縄文土器は口が広くて底の深い深鉢型が多く，縄文時代の約1万年もの間，土器の基本形として使用されていたとみられる．深鉢型はスープやシチューのように，汁を蒸発させることなく食物をじっくり時間をかけて煮るのに適しており，木の実や山菜など生では食べることができない食材のアクを抜き，肉や魚貝なども煮ることによってスープまでおいしく食べられるようになる．

もう一つ，この頃使用されたとみられる土器に浅鉢型土器がある．深鉢型土器よりさらに口が広く，底の浅い鍋のような形であり，こちらは調理に使用するのではなく，食物や完成した料理の盛り付け用として使用されたとみられる．

一方，弥生土器は煮炊き用の甕，収穫した食料を貯蔵するための壺のほか，食物や料理を盛り付けるための口が広く底の浅い鉢や，これに台のついた高坏が基本であり，使い方に応じて最もふさわしい形が完成していったことが特徴である．弥生時代終わり頃の風習を記録した『魏志倭人伝』には，高坏に盛った食べ物を手で取って食べると書かれており，高坏が食器として使用されていたことがわかる．複数人で食事をする時，料理を盛った大皿・大鉢など，皆で使う食器を共用器と呼び，それぞれが使う飯椀・小鉢・小皿・コップ・湯飲み茶碗・箸や匙などを銘々器と呼ぶが，高坏は弥生時代の銘々器であったとみられる．家族で，あるいは客人を迎えて，共用器に一つに盛られた人数分の料理を囲み，そこにいる人々が銘々器に料理を分け合い，共食することによって仲間意識を強めるといったことが行われていたと推察される（佐原 1984）．

（2）　古代（古墳・飛鳥・奈良・平安時代）

農耕社会の形成・浸透に伴い，大和の国（現在の奈良県）を中心に国家が出現する．また，古墳時代に伝来した仏教の影響を受け，続く飛鳥時代には天武天

図3-1　a．縄文土器（左は深鉢，右は浅鉢）
出典：三内丸山遺跡出土品（三内丸山遺跡センター所蔵）．

図3-1　b．弥生土器（左は壺，右は高坏）
出典：六地山遺跡出土品（長岡市立科学博物館所蔵，新潟市提供）．

皇によって肉食禁止令（675年）が初めて出され，牛，馬，犬，猿，鶏を4月から9月の半年間食べることを禁じた．この法令の制定は，対象となる動物や施行期間が限定されていたことから，仏教だけの影響ではなく，稲作を推進する目的もあったとみられる．

　710年，律令制が整った奈良時代が始まると，税として米を納めるしくみが確立し，以後，米は経済基盤となっていく．奈良時代も肉食は禁じられていた

が，上流階級の間で牛乳は煮沸して飲用されており，その加工品も食べられていた[1]．食事で使用する食器は漆器，箸，さじなどが整い，儀式化も進むようになる．またこの頃，遣唐使や来日した唐僧が新しい食文化をもたらし，唐菓子（とうがし・からくだもの）と呼ばれる揚げ菓子なども伝わった．奈良時代中期には唐僧鑑真が日本に砂糖をもたらした．

　平安時代になると食事形式は一段と洗練されたものとなり，年中行事の儀式が執り行われるようになる．それらの饗宴には酒が不可欠であり，酒造りの技術もこの頃進歩する．大饗料理と呼ばれる貴族の饗応料理は，大きな膳に前後で向かい合って座り，手前に自分用の調味料（醤，酒，酢，塩[2]）や飯，向いとの間に共有のおかずが並ぶという形式の料理であった（香西ら 2014）．

　こうした食生活は貴族のものであり，庶民には縁のないものであった．酒を酌み交わし，ともに食事を楽しむ饗宴は，貴族のコミュニティ形成には不可欠のものであったと推察される．フランスの法律家で美食家のブリア・サヴァラン（Jean Anthelme Brillat-Savarin, 1755-1826）[3]は，1825 年に著したその著作『美味礼賛』において，「食卓は供応する人とされる人の間に一種の結びつきを生じさせ，ともに会食した者はそれによってある種の印象を受け取りやすくなり，その影響を受けやすくなる」とし，このことから，「食事は政治的手段のひとつとなり，人民の運命は宴席において決せられることになった」と述べている．

　共食は，人と人との緊張関係を解消し，社会関係を円滑にさせる手段として機能する．このことは歴史的に人々の生活が整っていく過程と並行して，特に意識されることなく，自然発生的に形成され，活用されてきた社会的習慣の一つといえる．

（3）　中世（鎌倉・室町・安土桃山時代）

　武家社会となった鎌倉時代は，質実剛健を旨とし，初期はそのままの気風が食生活にもみられた．日常の食事は玄米を主食に一汁一菜であった．調味料は塩・酢のほかに，みそも登場する．また，宋より伝わった禅宗の振興に伴い，植物性の材料のみを用いて作られる精進料理が広まる．一方，それまで貴族社

会でしか飲まれていなかった茶が栄西によって武家社会にまで普及が図られ，室町時代には茶会が茶道にまで高められた．形式を重視する傾向に戻った室町時代には，武家社会の饗応料理である本膳料理の基本が整い，江戸時代にかけて発達した．

　安土桃山時代は，短い時代ではあったが，中国，朝鮮に加えて，ポルトガルやスペインなどの南蛮文化がとり入れられるなど，新風が吹きこまれた時代でもあった．とうがらし，ねぎ，油脂を用いて調理する南蛮料理が普及し，また，千利休により茶道が完成したことと並行して懐石料理が考え出された．

　「懐石」には空腹を一時しのぐという意味がある．これはその昔，朝と昼の2回の食事で修行を行っていた禅宗の僧侶が，夜の空腹と寒さをしのぐために懐に入れた温かい石（温石（おんじゃく）・薬石（やくせき））のことであった．禅の影響を受けた茶道では，濃い抹茶をおいしく飲むために空腹をしのぐ程度のささやかな軽い食事をとる．ここで出される料理を温石になぞらえて「懐石」と表すようになった（香西ら 2014）．

　懐石料理は，茶会の主催者である亭主が客をもてなす料理である．季節感を尊び，新鮮な材料を用い，不必要な飾りを廃し，食べやすく，できたてを供することを旨とする．取り回しする料理には，竹の取り箸が器に添えられ，客それぞれが食事に使う箸は，両方の端が細くなっている利久（利休）箸が使われた．千利休は，客を招く日の朝には必ず，赤杉の箸材を取り寄せ，客の人数分だけ小刀で削って箸を作ったという．それは，中央を太く，両端を細くし，全体を丁寧に削って丸みをもたせ，軽くて持ちやすい形状であり，食事の際に食べやすいように工夫された箸であった．この利久箸は，「茶会に臨む際には，その機会は一生に一度のものと心得て，主客ともに互いに誠意を尽くせ」という一期一会の心構えに通じるものであり，友好的で和やかな共食であるためのもてなしの表象ともいえるだろう．

（4）　近世（江戸時代）

(i)庶民の日常の食と外食産業の起こり

　江戸時代は鎖国という特殊な状況下で，日本独自の食文化が発展した時代といえる．参勤交代によって地方の食材や調理法が江戸に持ち込まれ，上方中心の食文化に加えて，そば切りなど江戸独自の料理も誕生するようになる．町人の生活は次第に贅沢になり，その年に初めてとれた季節の野菜，穀物，果物，魚介類など，いわゆる初物を楽しむ風習が生まれ，「初物 75 日」といって初物を食べると 75 日寿命が延びるとして喜ばれた．

　庶民の日常の食事には，箱膳（飯台）が用いられた．箱膳は蓋つきの箱で，食事をする際に箱蓋を裏返して箱の上にのせ，これを台として使用した．箱膳は一人ひとり専用のいわゆる銘々膳である．食後は，食器に湯を注ぎ，次々に移し替え，箸もその中ですすぎ，最後にその湯をお茶代わりに飲み干し，ふきんでそのまま箱膳に収めるのが一般的な日常の食事の所作であった（江原・石川編 2009）．

　またこの時代には，庶民の間でも外食が盛んになり，そば，すし，天ぷらを売る屋台や，一膳飯屋などの現代のファストフード店に近いものが生まれた．人が多く集まる都市部には煮売り屋，煮売り酒屋という飲食店が出現し，料理や酒を数人で楽しむといった光景がみられるようになった．

(ii)上座のない円卓での食事

　江戸時代唯一の開港場であった長崎では，主に中国料理の影響を受けた卓袱料理が流行した．円卓が用いられ，和洋中の折衷である卓袱料理は，現代の日本における日常食の食事様式のルーツといわれている．小柳（1972）は，橘南谿の天明年間の紀行にみられる記述を引用し，この卓袱料理について次のように解説している．

　　　近きころ上方にも唐めきたる事を好み弄ぶ人，卓子食（しっぽく）といふ料りをして，一ツ器に飲食をもりて，主客数人みづからの箸をつけて，

遠慮なく食する事なり，誠に隔意なく打和し，奔走給仕の煩はしき事もなく簡約にて，酒も献酬のむづかしき事なく，各盃にひかへて心任せにのみ食ふこと，風流の宴会にて面白事なり，寺院にも黄檗宗などの寺には，不茶とて精進ながら卓子料理をすることなり，是日本にてはめずらしきことに思ふ．

　従来，日本の料理では，どの階層に属する者でも膳や椀は各自が個別に持ち，決して混用をしないというのが伝統的な食事のあり方であった．したがって，飯だけは別々に盛るが，菜は鍋で煮て，それに主客が遠慮なく箸を入れて食べるという卓袱方式は，当時としては新しく，珍しいものであった．日本人の潔癖な習性から，他人と同じ器をつつき合って食べる料理にはやはり抵抗があり，江戸などではなかなか発展しなかったが，明治時代になってからの牛鍋の普及に大きく影響したとみられる．
　また，「寺院にも黄檗宗などの寺には，不茶とて精進ながら卓子料理をすること」とは，中国の禅僧隠元が伝えたとされる普茶料理のことであり，大皿に盛って銘々に取り分ける会食式の精進料理として広まっていった．普茶とは「あまねく茶をほどこす」の意で，料理を仲立ちとして親睦を深める，その日の労をねぎらうといった意味合いを含むと同時に，この料理を共食する目的でもある．それは，上座のない円卓に着席して食べ，大皿に盛ってある料理を取り箸ではなく直箸で取り分けて食べるという食事形式によくあらわれている．

（5）　近代（明治・大正・昭和時代初期）

　明治時代に入ると，西洋式食文化の広がりに拍車がかかり，民間レベルにも浸透していった．街にはテーブルを置く料理店が出現し，パン，ビール，肉料理，西洋野菜もみられるようになる．日常の食具類は，江戸時代と同様に，銘々膳を用いる個人盛が一般的であった．個人占有の箱膳と箸，飯茶碗，汁椀，菜皿が一人用として組まれ，父親は大きな箸と飯茶碗を使い，食事の席順，食事の内容まで，家長を頂点とする思想が伝承された．したがって，食事の場は

子どもたちのしつけの場でもあり，黙って食べることが作法の一つとされた（江原・石川編 2009）.

　明治時代末期より，折り畳み式の食卓であるちゃぶ台が少しずつ普及したことによって，食卓を囲む一家そろっての食事に，家族の団欒という意味が持たれるようになった．さらに，洋式の集合住宅が都市生活様式として普及すると，ダイニングキッチンの登場により，テーブルの食卓が多くみられるようになる．銘々膳の食事では，膳の上にすべての食物があらかじめ分配されているので，食事の場で分配をめぐる混乱や，料理の取り分けをめぐっての家族の会話もおこらない．食事の空間が個々に区別され，配分された食事をただ黙々と食べる．このような銘々膳での食事風景とは対照的に，家族が一つのテーブルを囲む食卓では，料理を介した食事中の会話が行われるようになり，家族関係にも変化がみられるようになった．

　大正時代になると，かつ丼，カレーライス，ラーメンといった欧米や中国などの料理が和食化しながら取り入れられていく．百貨店の食堂などの登場により，家族で外食を楽しむ習慣も生まれた．また，第一次世界大戦や関東大震災を経験したこの時代には，栄養教育が始まり，国民全体が一様に食事をとることができるようになっていく．

　昭和時代初期には，世界恐慌，第二次世界大戦などの影響により，国民生活は悪化し，食料不足が深刻になる．米や食塩などの食料は，一定量ずつ国民に分け与える配給制となったが，十分ではなかったため餓死者も多数に及んだ．

　終戦後もしばらくは厳しい食料難が続き，各地では闇市が全盛したが，徐々に食料事情は改善し始め，学校給食も全国で実施されるようになる．日本で最初の学校給食は，山形県で明治時代初期にすでに実施されているが，それは当時，貧困児童を対象に昼食を与えたのが始まりであり，学校で調理した，おにぎり，焼き魚，漬物といった食事を教室で給したものであった．その後，脱脂粉乳やパン食の導入，また郷土料理や行事食を取り入れた献立など内容が変化し，次第に充実していく．学童期は食習慣の形成において重要な時期であるため，学校給食はバランスのよい栄養素の摂取だけでなく，食事のマナーをはじ

めとする食事教育の面でもその一翼を担ってきたと考えられる．

（6）　現代（昭和時代後期・平成時代）

　昭和時代後期には，食料生産や食品の加工，調理に関する科学技術の進歩，生鮮食品を冷凍，冷蔵，低温の状態で生産者から消費者に送り届けるコールドチェーンなどの流通機構の発展，バイオテクノロジーの進歩，そして海外からの多種多様な食材の輸入などにより，豊富な食材の生産・入手が可能になった．また，ファミリーレストラン，ファストフード店などの外食産業が出現し始めるとともに，コンビニエンスストアが開店し，平成時代にかけて全国各地に広がり，店舗数が徐々に増加していく．人々はごく身近な場所で，多様な食を個人の嗜好に合わせていつでも自由に選択できるようになった．

　この飽食の時代といわれる現代において，一見豊かな食環境とは裏腹に，さまざまな食にかかわる問題も浮上してきている．少子高齢社会の到来と家族規模の縮小，家庭生活の変化などを背景に，子どもや高齢者の孤食の問題，食習慣のゆがみから引き起こされる肥満，糖尿病，高血圧といった生活習慣病の問題，食品の偽装表示，食品添加物の安全性に対する不安，食物アレルギーの増加といった，食の安全・安心の問題，食品ロスの問題などである（香西ら 2014）．

　もとより，食卓を囲んで家族がそろって食べるという背景には，家庭で食事を作るという生活があった．食という機能は，家庭が担うものであり，家庭では主婦が家族の料理を管理し，家族の健康に配慮しながら調理して，それを家族で食べるというあり方が従来の典型的な食のスタイルであった．しかし，その食のスタイルは，時代の推移とともに徐々に崩れ，食の外部化が進み，家庭の食事形態は変容したといえる．

　このような日本の食生活の状況にあって，平成に入り，国は規則正しい食生活の実現に資することを目的とし，食生活指針および食事バランスガイドを作成した．2000（平成12）年に文部省，厚生省（いずれも当時），農林水産省から公表された食生活指針は，10項目の指針と，さらに詳細な小項目が示されている．健全な体と心を育むためには，1日3回の食事を規則正しくとることはも

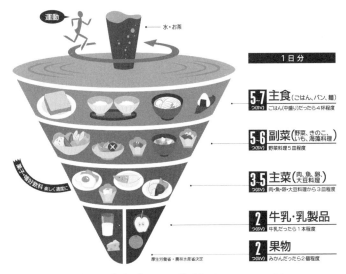

図 3-2　食事バランスガイド（イラストの一部）
出典：厚生労働省「食事バランスガイド」のイラスト等の利用についてのガイドラインについて〈https://www.mhlw.go.jp/bunya/kenkou/eiyou-syokuji/6.html〉

ちろん，食事を楽しむことの重要性を示しており，心と体においしい食事を味わって食べること，家族の団欒や人との交流を大切にすること，食事作りに参加することなどを推奨している．

　2005（平成17）年に厚生労働省と農林水産省によって作成された食事バランスガイドは，食生活指針を具体的な行動に結びつけるために活用することを目的としており，食事の望ましい組み合わせやおおよその量をイラストで示し，1日に必要な食事の摂取量とメニューが一見してわかるように工夫されている．

　また，食育という言葉が使用されるようになり，2005（平成17）年には食育基本法が制定された．この法律の前文において食育は「生きる上での基本であって，知育，徳育及び体育の基礎となるべきもの」，「心身の成長及び人格の形成に大きな影響を及ぼし，生涯にわたって健全な心と身体を培い，豊かな人

間性をはぐくんでいく基礎となるもの」とされている．法律本文には，食育の基本理念，国や地方公共団体，国民の責務が明記され，食育に関する施策の基本となる事項が定められている．

　食生活指針，食育基本法に盛り込まれた内容や食育についての今日的な意義については，第Ⅱ部第6章でさらに踏み込んで考察することとする．

3．生活の中のコミュニティと食の文化

（1）祭りと神人共食

　人間の生活は日常と非日常に大きく分けることができる．非日常の日とは，特別な日，ハレの日であり，日本では，節（せち），事の日（ことのひ），折り日ともよび，この日は日常の仕事を休んで家庭や地域での祝いの行事が行われる．年中行事とは，「年々ある一定の時期がめぐってくると，決まって繰り返し行われる儀式的なものをいう．その根底に信仰があり，娯楽をともなって発達した歴史的な意味をもつもの」といわれる（江原・石川編 2009）．

　太古，ハレの日とは神と接する特別な日で，ハレの日の食事は神饌料理であった．神饌とは，祭りで供えられる飲食物，調味料，および不随する食器具（箸や盃など）であり，祭りによっては生花や煙草などが供えられることもあった．神饌料理として捧げられた供え物をお下がりとして食べることを直会（なおらい）といい，それによって神と人との関係が深まり，神の加護が受けられると考えられていた．現代まで受け継がれている行事食は，この神人共食が本来の姿であり，年中行事には食と関連するものが多く存在する．

　7世紀以降，宮中行事として新嘗祭が催され，奈良・平安時代になると中国大陸の影響を受けて節の日には特別な食が規定されるようになった．一方，民間では生業にかかわる行事が多く，労働の安全や豊作，豊漁を祈る行為が行事や行事食になったと考えられる．

　民間の行事や行事食は，日常の仕事を休み，日ごろ食べられない食物を摂ることで，生活のアクセントになり，身体的・精神的なエネルギーとなった．ま

表 3-1　主な年中行事と行事食

月	行　事	行　事　食
1月	1日　元旦 7日　人日の節句 11日　鏡開き 15日　小正月	おせち料理，屠蘇，雑煮 七草粥 鏡餅入りのしるこ，雑煮 小豆粥，餅，団子
2月	3日　節分 2月最初の午の日　初午	いり豆，いわし，太巻き 米粉の団子
3月	3日　上巳の節句 21日頃　春彼岸	ひし餅，ひなあられ，白酒 ぼた餅
4月	8日　灌仏会	甘茶
5月	5日　端午の節句	ちまき，柏餅，しょうぶ酒
6月	30日　夏越しの祓	小豆入りの菓子
7月	7日　七夕の節句 20日前後　夏の土用丑の日	冷や麦，そうめん うなぎ
9月	9日　重陽の節句 15日　中秋の名月 23日頃　秋彼岸	菊酒，菊飯 月見団子，里芋，枝豆，栗 おはぎ
12月	22日頃　冬至 31日　大晦日	かぼちゃ，小豆粥 年越しそば

出典：商品科学研究所（1988）『家庭で楽しむ年中行事』商品科学研究所
　　をもとに筆者作成.

た，行事に参与することは共同体の一員としての義務であり，儀礼でもあって，行事食をともに摂ることで共同体意識が再認識された（江原・石川編 2009）.

　日本においては古くから，神饌を供える＝祭りであると認識されてきた.民俗学者である柳田國男が 1962 年に著した『日本の祭り』において，「本来は酒食を以て神を御もてなし申す間，一同が御前に侍座することがマツリであった」（柳田 1962）とし，祭りに際して供えられる酒食を賜る直会の重要性を述べ，最上級の賓客を迎えた時のように，酒と食物とを可能な限り清らかに調理して供することが日本の祭りにおける神々のもてなし方であるとしている.

　祭りと神饌料理との関連について，吉野（2013）は，祭りとは人がご馳走を用意して，神を客人のごとく迎える行為が原義であり，故に祭りにおいて神饌が重要な役割を果たしているとしている.また，柳田が指摘するように，下げ

た神饌を祭りに参加した人々が共食するという行為が重要であるとしている．

　近代以降，日本の食文化への欧米からの影響により，クリスマスや誕生会などのデコレーションケーキ，聖バレンタインデーのチョコレートなど新しい年中行事とそれにかかわる食べ物がもたらされた．行事食の本来の姿である神人共食という精神的な意義は次第に薄れ，新しいコミュニティのあり方を形成するツールとして現代に普及し，一般化している．

（2）　人生の節目における行事と共食

　人の一生にはいくつかの重要な節目があるが，こうした節目にあたって行われる儀礼を通過儀礼という．一般に，人生における節目とは，個人が属する集団内での身分の変化と新しい役割の獲得を意味しているため，いかなる社会でも，人生の節目の通過に際して，それぞれの節に課された条件を満たす一連の儀礼を行っている．したがって，個人の成長過程に行われる儀礼のみではなく，ある場所から他の場所への空間的通過や生活条件の変化，宗教的集団や世俗的集団から他の集団への移行などに際して行われる儀礼も通過儀礼とされている．

　現代の日本において人生の節目になるものとしては，誕生，お食い初め，背負い餅，幼少時の七五三など子どもの成長を祈願するものや，入学，卒業，成人，結納，婚礼，老年期の還暦や喜寿といった長寿の祝い，死亡などがある．これらの人生の節目には，年中行事と同様に人々が集い，共食が行われる．祝い膳には赤飯や鯛などの尾頭付きの魚が並び，また葬式や法事など故人をしのぶ料理には，地方によって習慣に違いが多く，近年では精進料理にこだわらず，故人が生前に好物だったものなどが供されることも多い．

　子どもが誕生して100日目には宮参りが行われ，神に健やかな成長を祈るとともに，生後初めて成人と同じ一人前の食膳を作り，食べさせるまねをするお食い初めの儀式を行う．膳には，赤飯や尾頭付きの魚，吸い物などが並び，歯固めの石を置く場合が多い．

　また，男の子は3歳，5歳，女の子は3歳，7歳になると七五三の祝いが行われる．古来の髪を伸ばし始める髪置（かみおき），初めて袴を着付ける袴着

（はかまぎ），着物の付け紐をとって帯を使い始める帯解（おびとき）などの儀式に由来するものである．晴れ着を着て，長寿の願いが込められた千歳あめを持って宮参りをする．

　これらの行事は神の加護を受けるとともに，社会的承認を願うために，周囲の人たちを招いての会食が必須条件であったことから，感謝の意を込めて共食が行われたのである（江原・石川編 2009）．

（3）　箸と食事作法

　中世の懐石料理において，千利休がもてなしの表象として利久箸を作成したことは前述の通りであるが，箸はハレの日に神饌料理とともに供えられた食器具の代表的なものでもあった．神に供える料理に添える，ということからわかるように，箸は単なる食の道具ではなく，それを使用することで自然や神とのつながりを意識するためのものであったとみられる．現代でも特別な行事には，高級な箸や一度しか使わない袋入りの箸を出したりするのはこのためである．

　食事の席における箸の使用については，一緒に食べている人に不快な気持ちや不潔な感じを与えるような箸の使い方を，嫌い箸や忌み箸と呼んで不作法な行為とされてきた．食事の作法は，共食を有意義なものにするために欠くことのできないものであるが，そもそもの起こりは，少ない食料をどのように分配したらよいのか，共食の場において権威のある者はどのように権威を示したらよいのか，他の人の目を気にしながら食べるにはどのように食べたらよいかなどの背景をもって生まれたといわれている．

　食事の作法は時代とともに変化し，各国の文化によっても異なるが，日本における食事作法の歴史は，奈良時代に中国から礼法が伝わったことより始まる．平安時代には宮中儀式に礼法が取り入れられ，さらに鎌倉時代以降は武士の台頭により武家作法を組み入れ，現代に伝わる食事作法の基本が確立する．それぞれの作法は，流派ごとに家伝として伝えられていたが，江戸時代になると幕府によって小笠原流などが広められ，庶民もこれに倣ったとされる（香西ら 2014）．

　見た目に美しい動作で食べることを大事とするのは，食べる行為を動物的動作として他人に見られるのを恥とする考えからである．もともと，作法や儀式は相手があって成り立つものだが，日本料理の作法ではこれに加え，本人の行動美学に力点が置かれている点が他の国とは異なる．また日本料理の場合，室内での席順には決まりがあり，その位置関係は招かれた側ともてなす側との関係を示すものである．コミュニティの場づくりの準備がすでにそこになされているといってよい．

　日本の伝統的な食事作法の中では，食事中は無言で食べることが重視されてきた．しかし，近代の西洋文化の移入とともに，食卓を囲む形式による食べ方が一般化すると，食事中のコミュニケーションが重視されるようになる．このように，食事作法も生活様式が変わると変化するものである（江原・石川編2009）．

（4）　宗教と食物禁忌

　食べるということは，人間が生命を維持していく上で不可欠な行為であるが，その食の本質は他の動植物の命をもらうということである．他の命をもらい受けるということから，食べるという行為はきわめて宗教性の強いものとしてとらえることができる．

　食物は人の命の源であるため，人は食物に神聖さを感じ，特別な力を持つものと考えてきた．たとえば，神が宿るとされるお神酒や正月の鏡餅，キリストの血であり肉とされるワインやパンなどがその例である（香西ら 2014）．

　前述のように，神人共食は，神饌料理として捧げられた供え物をお下がりとして食べる直会によって，神と人との関係を深めるとともに，神の加護が受けられるという思想のもとで行われてきた．共食によって，神や仲間とのつながりを深めるという文化が存在する一方，食べないことを共有することで神や仲間とのつながりを深めるといった文化もある．いわゆる食物禁忌は，歴史的に長く培われた宗教や習慣によって，ある種のものを食べないという行為のことをさす．たとえば，豚肉はイスラム教・ユダヤ教の信者たちにとって食べるこ

とが許されないものである．また，食べてよい食物でも調理法などが細かく規定されている場合が多い．さらにイスラム教では，ラマダーン（断食）が課せられ，厳しい戒律のもとに行われる．

　世界には数々の宗教があり，そこには数々の食物禁忌がある．この食物禁忌は一見不合理な行為のように見えるが，人は自分の信じる神の意志に従い，食物禁忌を神と共有することで精神的な安定とともに，仲間との結束を得ているという一面もある．

おわりに

　これまで述べてきたように，人間は日々の生活の中から，食事作法や食物禁忌などを生み出し，人々に受け入れられたそれらの慣習は，地域や民族の伝統となり，代々受け継がれることによって固有の文化となった．地域社会や民族が育んできた食事という行為と，そこに生まれた慣習や伝統，さらにその根底に流れている精神的な価値観は，人類の長い歴史の中で形作られてきた財産として，尊ぶべきものといえる．

　食文化史の推移とともに，食べ方，食べる形式は変化し，同時に食事の意義もその場面々々で異なる様相を呈しながら現代まで発展してきた．アブラハム・マズロー（Abraham H. Maslow, 1908-70）が提唱する人間の基本的欲求の階層[4]に沿って述べるならば，第一義的な食べることの意義は，生物としての純粋な生理的欲求，すなわち空腹を凌ぎ，命をつなぐための欲求を満たすことである．そこに家族や仲間がいれば食物を分け合い，共同で食べるという協力体制が生まれる．そしてさらに，食物をよりおいしく食べること，喜びや生きがいを感じる食事をすることを求めるというように，人間の食への欲求はより高次のものへと発展していく．

　共に食事をする人に対して不快感を与えないように食事作法を身につけることは，円滑な社会生活を送るうえで欠かせないものであり，それが身についていなければ，人としての良識と品格が問われることになる．このことは，食事

というものが個人的行動ではなく社会的行動であることを端的に示すものである．また，一見不合理な行為のように見える食物禁忌の存在は，結果としてそれを共有する集団の結びつきを強化し，精神的な安定を得るという役割をもつ．

　このように人は，生きるために食べるという生理的な面だけでなく，社会生活のコミュニティにおいて心も満足させる食べ方を必要とし，食の文化を今日まで発展させてきた．人間の食の歴史の中で，共食というものを改めて見つめ直してみた時　そのあり方もまた時代の推移とともに変化してきていることに気づく．このことは，今後新たな共食とコミュティを模索し，築いていくことができる可能性を示唆するものととらえることができる．

注

1）　当時，牛乳の加工品として酥（そ）や醍醐（だいご）といった乳製品が作られていた．現在でいうと，酥は練乳，醍醐はバターやチーズにあたるものとされる．

2）　大饗料理は，手前に並べられた調味料で好みの味に調味しながら食べるという形式であった．これを食卓調味という．

3）　ブリア・サヴァランの著作『美味礼賛』は，『味覚の生理学』の書名でも知られている．原題は，「Physiologie du Goût, ou Méditations de Gastronomie Transcendante; ouvrage théorique, historique et à l'ordre du jour, dédié aux Gastronomes parisiens, par un Professeur, membre de plusieurs sociétés littéraires et savantes（味覚の生理学，或いは，超越的美食学をめぐる瞑想録；文科学の会員である一教授によりパリの食通たちに捧げられる理論的，歴史的，時事的著述）という非常に長いものである．古今東西の美食家，研究家がその業績を認めており，日本の食文化にも深く浸透している数々の名言を残している．

4）　アブラハム・マズローはアメリカの心理学者である．人間の欲求の階層をピラミッドで表現し，底辺から，生理的欲求→安全の欲求→社会的欲求／所属と愛の欲求→承認（尊重）の欲求→自己実現の欲求の順に位置づけた．低次の欲求が満たされるとより高次の欲求が出現し，行動の動機づけになるとした．

引用・参考文献

Brillat-Savarin, Jean Anthelme（1825）*Physiologie du Goût*, 202-204（ブリア・サヴァラン『美味礼賛』玉村豊男編訳，新潮社，2017 年）．

DeFries, Ruth（2014）*How Humanity Thrives in the Face of Natural Crisis*（ルース・ドフリース『食糧と人類——飢餓を克服した大増産の文明史——』小川敏子訳，日本経済

新聞出版社，2016 年）．

石毛直道（1973）「食事文化研究の視野」石毛直道編『世界の食事文化』ドメス出版．

石毛直道（1980）「なぜ食の文化なのか」石毛直道編『食の文化のシンポジウム '80 人間・たべもの・文化』平凡社．

江原絢子・石川尚子編著，大久保洋子・島﨑とみ子・冨岡伸子・中澤弥子・橋爪伸子（2009）『日本の食文化——和食の継承と食育——』アイ・ケイ・コーポレーション，18-19，108-109，142-143．

神崎宣武（1987）『食の民俗学——日本人は何を食べてきたか』大月書店．

香西みどり・上打田内真知子・神子亮子（2014）「日本の食文化」公益社団法人全国調理師養成施設協会編『新調理師養成教育全書必修編第 4 巻調理理論と食文化』公益社団法人全国調理師養成施設協会．

小柳輝一（1972）『食べ物と日本文化——食生活の文化的考察——』評言社．

佐原真（1984）「考古学から食文化を考える」田村新八郎・石毛直道編『日本の風土と食』ドメス出版．

田中二郎（1987）「狩猟採集民の食」豊川裕之・石毛直道編『食とからだ』ドメス出版．

西丸震哉（1981）『食生態学入門』角川書店（角川選書）．

柳田國男（1962）「日本の祭り」柳田國男『定本柳田國男集第 10 巻』筑摩書房，216-260．

吉野亨（2013）「神饌研究の課題と展望——神饌研究の事例を通して——」『会誌 食文化研究』9，15-26．

第4章　地域と無形文化
——青森県内の民俗芸能・年中行事を事例に——

はじめに

「無形文化」と一言でいっても，その種類は多種多様である．本章でいうところの無形文化とは，具体的には，神楽や獅子踊り，盆踊りのような，いわゆる「民俗芸能」（ここでは単に芸能とも表記）あるいは「年中行事」などと呼ばれるものであり，地域の人々の日常において，世代を越えて伝えられてきたものである．

このような文化は，建物や彫刻のように，手に触れて，目で見ることのできる物質的な存在すなわち，有形の文化とは異なっている．無形の文化は，経験的に会得された知識や技術，あるいは，慣習や習俗であり，人々の意思や，行為，行動あるいは人間的な関係性によって維持されている．無形文化伝承の場では，言葉で伝えることのできない知識，すなわち「暗黙知」（ポランニー1980）の受け渡しが，対面の濃厚なコミュニケーションを通して行われている．

本章では，各地域に伝わる無形文化（民俗芸能・年中行事）の特質や，その歴史，あるいは現在的な状況に着目しながら，地域社会におけるコミュニティの現在的な姿を見てゆきたい．

筆者はこれまで，青森県内を中心に，民俗芸能や年中行事の調査・記録，あるいは復興活動の支援などを行ってきた．

また，筆者自身，民俗芸能の経験者でもあり，津軽地方に伝わる獅子踊の保存団体（鳥井野獅子踊保存会）に25年以上所属しながら，津軽地方の民俗芸能や年中行事に携わっている．

　このような芸能者としての経験を有する自身の資質を活用しながら，筆者は2014年より上北郡七戸町の白石分館地区における地域振興プロジェクト[1]に参加し，聞き取り調査を進めながら，現地の人々との関係性を構築し，さらには，当該地域の民俗芸能（上原子剣舞踊り）の参与観察や，現地の住民による盆踊りの復元・復興活動の支援を行ってきた（下田 2015；下田 2017a；下田 2017b）．

　本章では，これまでの取り組みで得られた知見に基づきながら，地域社会において人々の日常のなかで受け継がれてきた無形文化の実態について，筆者のフィールドである青森県（南部地方と津軽地方）での事例を紹介する．

1．対象の地域について

　本章では次の二つの地域を対象にする．① 青森県上北郡七戸町白石分館地区上原子集落（南部地方）と，② 青森県弘前市鳥井野地区（津軽地方）である．

　青森県は中央部に奥羽山脈を抱いており，この山岳地帯をはさんで，太平洋に面した東側に南部地方，西側や北部，日本海側に津軽地方そして，横浜町，

図4-1　青森県の三地方区分

六ケ所村以北には下北地方がある（図4-1）.

　津軽，南部という地域の分類は近世の藩政に由来している．津軽地方は津軽氏の支配下にあった弘前藩，黒石藩の領域であり，一方，南部地方は南部氏の支配下にあった七戸藩，八戸藩，盛岡藩の領域である．津軽地方に対し，「南部地方」という場合は，南部地方のうちの青森県内にあたる部分を意味する．

（1）　青森県上北郡七戸町上原子地区（南部地方）

　青森県上北郡七戸町は青森県東部に位置し，八甲田山系の東側，青森市と三沢市のほぼ中間にある．東に上北郡東北町，南に十和田市，西に青森市と接している．2005年には，旧七戸町と旧天間林村が新設合併し現在の七戸町が成立している．

　上原子集落は，七戸町でも旧天間林村側にあり，白石分館地区に属している．白石分館地区は，みちのく有料道路の南側に位置し，上原子，白石，栗ノ木沢，原子，白金の五つの集落で構成されている．

　このうち，白石には白石分館（白石コミュニティーセンター）があり，白石分館地区の拠点施設になっている．白石分館地区には1900（明治33）年開校の白石小学校があったが，1977（昭和52）年に，近隣の小学校に編入となり，閉校した．

　上原子集落は白石分館地区の中でも，北側の山麓部にあり，35世帯，人口144人（2014年現在）の集落（東西約1.8 km，南北約0.5 km）で，七戸町の中でも青森市との境界に近い山の平野部に位置している（図4-2）.

　上原子集落より西側の青森方面は平野部がなく山間地になっていて，東側に平野部が開けている．集落の南側には坪川が流れている．

　この辺り一帯は，ヤマセと呼ばれる偏東風が吹くため，夏が近くなっても気温が上がらずに農産物の冷害が起きやすい土地柄でもある．冬の積雪量は多く，救急車が集落内に入れなくなるという事態も発生している．

　生活用品の購入は七戸町役場周辺（旧天間林地区）あたり（車で15分ほど）が最寄りである．さらに店の多い場所は，南側の十和田市中心街（車で40分ほど）

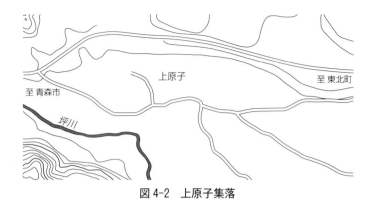

図 4-2　上原子集落

か，あるいは北側の野辺地町（車で 30 分ほど），または東側の東北町（旧上北町）
（車で 30 分ほど）がある．

　上原子周辺には日用品や食料などを購入できる店がなく，車か路線バスでの
移動が基本になっている．

　上原子集落に伝わる年中行事や民俗芸能としては，先述の通り，「剣舞踊り」
や，「盆踊り」がある．かつて昭和 40 年代（1965〜1974 年）頃までは「虫ぼいの
行事」や，「人形投げ」なども行われていた．

　現在も行われている集落内の行事としては，年に 4 回，集落内の神社に参拝
をして上原子集会所で会食をする「十六日の祭り」と呼ばれる行事がある．

　このほか，剣舞踊りの出演機会がある場合は，出演の 2 週間ほど前からほぼ
毎晩練習会と反省会が行われる．かつては白石地区の小学校（現在の白石コミュ
ニティーセンター）で行われた盆踊り行事にも参加していた．

　生業について記す．南部地方では昭和 30 年代（1955〜1964 年）頃まで，農業
の主体は畑作であった．この地方の地形は台地や丘陵地が多いため，水田の多
くは水利の確保が容易な沢沿いの低地部分に開かれてきた．

　畑作の収穫は天候に左右されやすく，稲作に比べて経営が安定しなかったた
め，水田を増やす努力がされてきた．昭和 30 年代（1955〜1964 年）以降は，水
利技術の向上や水利事業などにより水田地帯が急増している．

　1952 年頃から折衷苗代によって稲作が行われるようになり収穫量も増加し

たという．1961 年頃より，機械化による大規模農業へと転換されている．

　南部地方は古くから全国有数の馬産地であり，特に畑作の凶作時には畜産業が重要な収入源になっていた．現在も津軽地方に比べて畜産業の比率が高くなっている．

　現在，上原子集落では稲作と畑作が行われている．畑作では長芋やニンニク，豆類などの栽培が主に行われている．近年では高齢化や人口減少に伴い休耕田が増えており，休耕田を地元の企業や他の農家に貸し出している家もある．

（2）　青森県弘前市鳥井野地区（津軽地方）

　青森県弘前市は青森県の中部南寄りに位置している．岩木山から見ると，その南側，白神山地の東側，八甲田山系の西側に位置し，津軽平野の西南部にある．東に平川市や藤崎町，田舎館村，西に西目屋村や鰺ヶ沢町，南に大鰐町，北に鶴田町や板柳町と接している．

　2006 年に旧弘前市，旧中津軽郡岩木町，旧中津軽郡相馬村が新設合併し新制による弘前市が発足している．

　鳥井野地区は弘前市中心街の弘前市役所から車で 15 分ほどの北西部に位置している．弘前市役所の前の通りを岩木山の方向へ向かって車を走らせると，五分ほどで岩木川に至る．この川沿いにある道を上流に 3 km ほど行き，右折して対岸に渡ると鳥井野地区に至る．

　鳥井野地区は岩木地区（旧・岩木町）にある人口 522 人，189 世帯，（2015 年 12 月 1 日現在）〔「弘前市住民基本台帳人口・世帯数（町名別）」〕の集落であり，東西に約 1 km，南北に約 1.2 km の広がりを持つ（図 4-3）．

　地区の南部は岩木川に面している．対岸は相馬地区（旧相馬村）である．地区の西側は山間部になっており，北側及び東側に平地が広がっている．地区に沿って南北に通る広域農道は弘前市南部の石川地区と北部（岩木山麓）の百沢を南北に結ぶ約 22 km の道路である．この道路から西側に分かれて鳥井野を東西に通る道路は，かつて西目屋方面へ向かう道路として使われていた．

　1961 年に町制が施行され鳥井野が属する岩木村は岩木町と改名．昭和四八

図 4-3　鳥井野地区

年に，旧・鳥井野公民館と羽立地区公民館が合併し現在の鳥井野町会が成立した．2006 年の合併を経て弘前市鳥井野地区になる．

　鳥井野地区には明治 9（1876）年開校の「鳥井野小学校」があったが，1974年に岩木小学校に編入され，廃校になっている．

　生活用品の購入場所としては対岸（橋を渡ってすぐ）の相馬地区（旧相馬村）か，岩木地区内の賀田方面（車で 5 分ほど），あるいは城西地区に新たに作られたショッピングセンター（車で 5 分ほど）などがある．

　行事について，毎年，7 月の中頃に地元の白山姫神社にて「お神酒上げ」が行われる．当日は朝 10 時ころから，鳥井野獅子踊りが園児らとともに，地区内を練り歩き，神社を目指す．神社の境内では，鳥井野獅子踊りとともに，鳥

井野保育園の園児たちによる獅子踊りも奉納され，その後，境内で直会（本章 2．（2）(ii)で説明）が行われる．

　鳥井野獅子は白山姫神社での奉納の後，広域農道沿いにある保食（うけもち）神社でも踊ることになっている．

　7月は鳥井野保育園によるネプタ行事[2]も行われる．8月には鳥井野集会所にて納涼祭が行われ，旧暦の9月には十五夜祭りが行われる．十五夜祭りでは集会所の屋外に祭壇が設けられ，獅子踊りの奉納や祭囃子の演奏などが行われる．

　生業について述べる．当地域は，津軽地方の中でも夏の気温が比較的高いため，南部地方に比べて，早くから稲作が盛んであった．近代に入ってからはリンゴの栽培が普及している．鳥井野は岩木地区の中でもリンゴ栽培が盛んな地区である．リンゴ畑の大半は，地区外の山間部や丘陵地帯の斜面，高台などに作られている．

　鳥井野ではリンゴの他に米そのほか畑で野菜が栽培されている．農業を兼業で営んでいる家もある．

2．上原子剣舞踊り（青森県上北郡七戸町）

（1）　上原子剣舞踊りについて

　剣舞踊り（ケンマイオドリ）と呼ばれる民俗芸能は，青森県内において，南部地方に多く分布している．20人前後の踊り手が剣（刀）や太刀（薙刀），棒などを手にし，輪になって踊る．

　同じように武具（特に刀）をもって演じられる芸能としては剣舞（ケンバイ）があり，これらは東北地方において，岩手県のほぼ全域や仙台市の周辺に多く分布している．剣舞（ケンマイ）踊り，あるいは剣舞（ケンバイ），これらの芸能はいずれも，盆の精霊供養のための踊りとされている．

　上原子剣舞踊り（七戸町指定無形民俗文化財）は，青森県上北郡七戸町の上原子地区に伝わる民俗芸能である．現地の人々は剣舞（ケンマイ）と呼んでいる．地区内の上原子集会所が活動の拠点になっている．

　先述したように，筆者は 2014 年から 2015 年にかけて，上原子地区を対象に
した調査に関連して，実際に参与観察を行っている．以下では，その知見に基
づいて紹介する．

　この芸能の芸態・構成について．世話役，旗持ち役，囃子方（笛を奏でる「拍
子」と，掛け声をかける「囃子」に分けられている），踊り手，によって構成されてい
る．

　踊り手はそれぞれが使用する採り物や楽器によって「棒」,「杵」,「剣」,「薙
刀（太刀と呼ばれている．以降，太刀（薙刀）と表記)」,「手平鉦」,「太鼓」，という
ように六つの役割があり，正式にはそれぞれの役を 3 人づつで構成する．踊り
は主に時計回りで踊りが行われ，旗，笛，囃子がけが数名で輪の中心に立つ．

　扮装について記す．囃子方や世話人はハチマキ・半纏を着用する．踊り手は，
袖を落とした襦袢の上に単衣を着る．単衣は袖を通さずにタスキ掛けをした背
中に留めるようにする．「棒」「杵」は黒のスパッツに前掛け「手平鉦」「太鼓」,
「太刀（薙刀)」,「剣」は袴を着用する．足元は白足袋に草鞋を履く．手には黒
の手甲をつけ，頭部にハチマキをする．

　演目は全 16 種類伝えられている．しかしながら，名称の不明なものもあり，
囃子がけの文句や笛の旋律・曲の構成の特徴などに基づいた通称が部分的に用
いられている．

　組織・運営について．上原子剣舞踊りは現在，上原子剣舞踊り保存会によっ
て伝承されている．保存会には会長，副会長，会計，役員などの役職がある．
会員は小中学生を含む集落関係者一同である．

　入会の手続きや資格，会費については特に設けていないという．年に一度，
各世帯で御花代をあげれば，地域の人々は誰でも参加することができる．各
家々から花代（ご祝儀としての金銭）をもらった御礼として，出演の日には地元
へ戻ってきてから上原子集会所にて反省会を行い，料理を振る舞う．

　上原子剣舞踊りの歴史について概観する．上原子の剣舞踊りが，いつ頃，ど
こから伝えられたのかについては，不明である．

　地元に伝わる由来譚としては，坂上田村麻呂による東北地方征伐にまつわる

ものがあり「勝利を収めた官軍が，一体となって夜の更けるのも忘れ，武士は刀や薙刀を持って踊り，民衆は太鼓や鉦，杵，おし棒を持って踊り狂った」という話が伝えられている.

　上原子の剣舞踊りは，戦前まで，内膳剣舞という呼称で呼ばれていた．内膳とは江戸末期に津軽よりこの地に移住してきたとされる武士の名である．集落内で男性のみによって，受け継がれていた．盆の時期に村内で踊られることもあった.

　戦時中は活動を一時中断していたものの，その後，1946年頃に青年団が主体となり，部落内で有志を募り復興している．このときは「上原子剣舞連中」という名称になった.

　当時，上原子剣舞連中は，野辺地町，七戸町，および村内を中心として，家々を回り，剣舞踊りを披露して，ご祝儀をもらっていた．こういった行為は，門うち／門付け（カドウチ／カドヅケ）と呼ばれた.

　門うちでは，その都度，花代（金銭）をもらい，これに対して，「御花の御礼を申し上げます．一つ金〇〇円，〇〇さま」というように，花口上と呼ばれる口頭のお礼の挨拶を，独特の口調で行っていた.

　当時花口上を担当していた人物（男性80代）によると，花口上を習得するのはとても難しく，面倒で，誰にでもできるものではなかったという.

　このころ，上原子剣舞連中では，平内町小湊の松野木部落の人々や，十和田湖町法霊地区の人々にも剣舞を教えたという.

　昭和30年代（1955〜1964年）頃になると，出稼ぎで県外へ行く人々が増えたため，担い手が不足するようになった．このため，活動が一時中断された.

　その後，1971年に郷土の芸能に対する機運が高まり，復興している.

　このときの名称も上原子剣舞連中であったが，その後，剣舞の継承保存を目的として，名称を「上原子剣舞踊保存会」に変更した.

　以降，天間林村体育祭に出場七戸町祭典（1971年）や，村民体育祭（1972年），青函博覧会（1988年）など，出演の機会が増えてゆくが，出演の場が村内や近隣の町村における各家々や寺社といったものから，近代的な式典会場や商工業

界主催のイベント会場などへ移行していった.

　当時，女性たちは，自分たちの着物の襦袢の生地などを使って，踊り手の衣装を手作りしていた. 上原子の剣舞踊りは，もともと男性によって演じられてきたものであり，女性たちは演者として舞台に上がることはなく，衣装や食事の用意など，裏方の仕事に関わっていた.

　昭和60年代（1985〜1989年）に入ると，テレビ出演の機会が増えていった. しかしながら，この頃，保存会は一つの課題に直面していた. それは，担い手不足の深刻化であった.

　このため，保存会では，平成元年頃より地元の女性たちに参加を呼びかけた. それまで，男性のみで演じられてきた剣舞踊りは，地元住民の間でも「剣舞（ケンマイ）は男性のもの」という認識があり，かつての様子を知る人々は「それは力強く勇壮な踊りだった」と語る人もいるが，この呼びかけにより，女性の参加が急増した. 現在では踊り手の約半数が女性を占めている.

　女性たちは，「剣舞は村のものだから協力する」といって，数カ月間，熱心に練習を重ねたという.

　剣舞踊り保存会の活動はこれ以降も維持されていった. 女性たちが参入するようになり，会の活動にも活気が戻ってきた. その後も，東北町湖水祭り（1990年），八戸東北新幹線開業出場（八戸駅. 2002年）など，各地で公演を展開していった.

（2）　近年の活動

（i）主な活動

　現在，1年間における活動回数は1から3回ほどである. 主な機会としては，毎年3月上旬に旧天間林村の公民館で開催される芸能発表会がある. その他に，町内で開催されるイベントに出演することもある. 現在は村内での演舞や門打ち（門づけ）は行われていない.

　練習会は，各出演機会の2週間ほど前より，約2週間，連日開催され，伝承活動の主な機会になっている.

公演の日には地元へ戻ってきてから上原子集会所にて反省会を行い，地元の人々に料理を振る舞う.

⑾ 活動の様子

先述の通り，上原子では，公演の日程が決まると，その2週間ほど前の期間が練習会として設定される.

練習期間の初日は，参加者もそれほど多くはなく，皆で顔を合わせて久しぶりに身体を動かし踊りに慣れてゆく．練習の期間中は，後半になるにしたがって全員が揃うようになる．練習では衣装は用いず，普段の服装のままで行われる.

練習会には，小学校低学年の男児と幼稚園の女児も親とともに参加する．子どものうちは，あまり細かいことをたくさん教えるようなことはせず，とにかく大人たちの踊りの輪の中に入れておくのだという．そして，ある程度見よう見まねで踊りの所作を習得した段階で本格的に指導を始めるという.

練習会の後半になると，長年の経験を積んだ長老格の人物2人N・S氏（70代）男性とN・K氏（80代男性）がやってきて指導をする．彼らは保存会において「大師匠」と呼ばれている．大師匠が顔を見せる頃になると，練習会の参加者も増え，ある種の緊張感が漂い始める.

大師匠たちは踊り手の横について自らも動きを行って見せながら，会員一人ひとりの様子を見て，必要なアドバイスをしたり，輪の中に入って周囲の人々の踊りを見渡したりしながら，気になった点があれば休憩の合間に詳しく指導をする.

剣舞踊りの練習会の後には，毎回「反省会」と呼ばれる懇親会が開かれる．各自持ち寄りの漬物や，差し入れの料理，飲み物などが出される．年長者の話によると，かつては，夜半過ぎまで飲んでいて，それから再び踊りの練習をしていたこともあったという.

現在太鼓の主役的立場にいる40代前半の男性H・Y氏は，「かつて（1995年頃）先輩たちに太鼓を教えてもらったときは，夜中まで飲んで，それから2時

ころまで練習をしたこともあり，酒に酔いながら練習をした」と話す．

　練習会の最終日には，練習の時間を短縮し，残りの時間で本番の衣装の確認や，当日の演目，人員などについての打ち合わせが行われる．

　公演当日は，出演者のみならず，衣装の着付けを手伝う人々も会場に同行する．剣舞踊りの衣装は襦袢を重ね着したり，たすき掛けをしたりするので，着付けの手伝いをしてくれる人が必要になる．着付けを行う場は，着付けの知識や方法などを伝え合う機会にもなっている．

　公演時，踊りに参加しない大師匠は剣舞の旗を持つ役割や，打ち合わせ，現場監督を担う世話人の役割を果たす．彼らは全体の様子を見渡していて，踊り手の衣装の不具合や用具の不備など，踊り手の太鼓の装着の補助など，気づいたことがあれば，その都度サポートをする．

　公演を終えた日は，地元へ戻ってきてから上原子集会所にて反省会を行い，支援してくれた地元の人々に料理を振る舞う．

　「食する」という人間の基本的な欲求に基づく行為を，他者とともに，同じ食事を分かち合いながら行うことにより，心理的な距離感が近くなる．食事をともにしながらのコミュニケーションには，精神的なつながりを促進させる作用がある．

　青森県に限らず，民俗芸能や年中行事の場におけるこのような共食行為は直会（なおらい）とよばれ，古くから行われてきた．もともとは，神事に参加した人々が供物を下げて皆で食する宴であった．神が食した物を人も食するという神人共食（しんじんきょうしょく）をすることで，神と人とが親密になり，神の守護が得られると考えられていた．直会は現代社会においても，地域の人々の紐帯を強化する機能を有している．

3．上原子の盆踊り（青森県上北郡七戸町）

（1）　上原子地区の盆踊りについて
盆踊りとは，一般的には，盆に祖霊歓待と鎮送のために踊られる踊り，とさ

れているが，次第に，信仰的な行事を脱し，現在では地域社会におけるイベントとして行われることが多くなっている．

　上原子地区には，複数の盆踊りが伝えられているが，主要なものに「ナニャドヤラ　手2つ打ち」，「ナニャドヤラ　手3つ打ち」，「チャンコチャヤノカガ」といった踊りや歌がある．

　「ナニャドヤラ」と呼ばれる盆踊りは青森県の南部から岩手県の北部，及び，秋田県鹿角地方の旧南部藩領内に分布していて，各地に多様な歌と踊りが存在している．

　「チャンコチャヤノカガ」については，旋律が「北海盆唄」の旧曲とほぼ同様であり，歌詞については，当時この地域で歌われていた猥歌が現存し，おおらかに明るく歌われることもある．

　1960年頃まで，上原子では旧の盆になると，夜半過ぎまで多くの人々が集い，連日連夜，賑やかに盆踊りが行われていた．それは，路上で掛け合いの歌を太鼓の拍子にのせて歌い，踊るものであった．

　期間は旧の盆の13日か20日ころまで．連日連夜，夜半過ぎまで踊られた．踊りに加わるようになるのは15歳頃からで，最初は，他の人が踊るのを見て，真似をしながら覚えるものだったという．

　当時の盆踊りの様子について，現地の人々の証言を紹介する．

　　「太鼓の音が聞こえると，ハァなんも（外に出て行った）．太鼓叩いてける
　　（くれる）男衆いれば，ハァもう盆踊り始まったって．」（女性・1937（昭和12）
　　年生まれ）
　　「（踊りに）疲れれば，この辺の草の上さ座って，皆丸くなって，なんだか
　　んだお話しして，またやるかっていって踊るわけ．ほいで，12時まで騒
　　いで帰るわけよ」（女性・1937（昭和12）年生まれ）
　　「昔は通りが暗かった，暗い方が良かった，男女の出会いの場でもあった
　　から」（男性・1939（昭和14）年生まれ）

　かつて上原子で行われていた盆踊りは，日常の生活空間のなかで展開され，

皆で楽しみを共有する行為として行われていた.

　それは，選抜された踊り手が芸能発表として，あるいはイベント会場での上演として，近代的なステージ上で，観客に見せるための演技を披露するものではなく，上手も下手もともに踊りに興じながら，多様なコミュニケーションを深めてゆくという性質のものであった.

（2）　近年の活動

　上原子の盆踊りは昭和50年代後半（1980〜1984年）頃より，長らく行われていなかった．このため，「盆踊りは地元の人たちが集まって親睦を深める機会だった」（剣舞踊り保存会会長）というように，往事を懐かしむ話をする人もいた.

　こうした人々の思いをくみ取り，2014年より，盆踊りを復興させる取り組みが行われた．その経緯について若干記す.

　筆者が当該地域の盆踊りの調査に入ったのは，先の剣舞踊りへの参与観察がきっかけであった．論者は剣舞踊りへの参加を通して，現地の人々の関係を構築していったが，その過程において，かつてこの地で行われていた盆踊りを復興させ映像としても記録しておきたい，という要望が出され，そのための支援プロジェクトを論者が担当することになった.

　この取り組みでは，発起人の男性を中心として，当初七名の女性たちが集まり，練習会や記録撮影会が行われ，隣接する白石地区にて盆踊り行事を復活させるまでに至った.

4．鳥井野獅子踊（青森県弘前市）

（1）　鳥井野獅子踊について

　獅子踊りあるいは獅子舞とは，獅子頭と呼ばれる仮面（かぶり物）を用いて行われる芸能の総称である．このような芸能は全国に存在しているが，大別すると一人で踊るもの（一人立ち）と，複数人数で踊るものとに分けられる.

　青森県津軽地方においては一人立ちの三匹獅子が数多く伝えられている．こ

こで取り上げる鳥井野獅子踊りもそのような獅子踊りの一つである．

　踊り手の構成は，雄獅子が2匹，雌獅子が1匹，オカシ（猿）1匹である．
囃子方は笛，手平鉦，太鼓で構成される．この他に旗持ちや，踊りの解説を書
いた紙を掲示する「めくり」と呼ばれる役割がある．

　組織・運営について．鳥井野獅子踊りは現在，鳥井野獅子踊り保存会によっ
て伝承されている．保存会には，会長，副会長，会計などの役職がある．

　保存会の活動は鳥井野公民館の公民館事業の一環として行われている．会費
は年間で3000円．入会資格は特に定められておらず，小中学生を含めて，地
区外の者でも参加できる．

　活動の歴史について．安政元年に「鳥井野獅子」の名が「金木屋又三郎日
記」(斉藤 1995) に見られる．また，地元の成田弥右衛門家には享保年間
(1716〜1736年) の頃のものと思われる獅子の謡が書かれたものがあったという．
これが事実だとすると，およそ290年ほど前にはすでに存在していたことにな
る．

　鳥井野の獅子踊りは近世から活動していたとされるが，一時休止をしていた
時期があり，近代に入り1892年頃に復興している．現在残されている歌の本
などについてはこのころに書かれたものとされている．当時，メンバーの一員
であった玉田慶次郎氏が，それまで口伝で獅子踊に伝えられていた歌の歌詞を
書面に残した．

　当時は現在のような保存会ではなく，「親交会」という集まりが獅子踊りの
継承を担っていた．「親交会」は「若いもの」たちの組織であり，加入はほぼ
強制的なものであった．この組織は，獅子踊りの継承だけでなく，村内での必
要な仕事を手伝うこともあった．病気や天災などで村内に困っている人がいれ
ば村仕事としてその家に行き手伝いをする，というような役割も担っていた．
このような仕事の体験が，村のしきたりを学ぶ機会にもなっていた．

　戦時中 (1944年) に，戦意発揚を主な目的として，県翼賛文化報国会の主催
により，猿賀神社で県下獅子踊大会が始まる．この大会に鳥井野獅子踊が初め
て参加したのは，終戦後の1950年であった．この頃から約5年間，鳥井野獅

子踊の活動は盛んになっていった．

　その後再び，昭和 30 年代（1955〜1964 年）に会員同士の不仲が原因で一時休止をしている．その間，獅子頭は箱に収められて地区内の白山姫神社の拝殿に置かれていたという．

　その後，1971 年に，当時の岩木町公民館長であった三上昇氏が獅子踊りの復興を呼びかけたのをきっかけに，当時の鳥井野公民館長の三上栄一氏が公民館の事業として，1972 年に取り組みを始めた．

　1973 年に行われた合併により，現在の鳥井野町会が発足したが，引き続いて，獅子の事業も継続されることになった．このときに，現在の保存会の主要なベテラン会員たちが当時の先輩たちに踊りや囃子を教わっている．

　復興後の保存会初代会長が初めて獅子を先輩から習ったのが，新設の鳥井野公民館が立てられる直前の頃であり，旧・鳥井野小学校の講堂や，旧・鳥井野公民館で練習をしていたという．このころ，獅子踊りに関わっていた人々は主に，旧・鳥井野町会の人々であった．

　その後，二つの地区の公民館の合併により，獅子踊りも公民館事業として受け継がれていったが，当時，人々が獅子踊りの担い手として関わることになった主なきっかけは，公民館の役員をしていたことによるものであった．

　1981 年に，保存会組織を確立し活動を展開する．1984 年には青森県県下獅子踊猿賀神社奉納大会への参加を再開し，以来毎年の参加を継続するようになった．

　1986 年には，旧岩木町の無形民俗文化財に指定されている．

　2000 年には青森市の舞踏家，福士正一氏の呼びかけにより，韓国全羅北道南原市で開催された「南原国際芸能祭」にも参加している．

　1993 年，近隣の獅子踊団体と共に，親睦を深め，後継者問題などを解決していくことを目的として，岩木山麓獅子連合会を結成．五代，鳥井野，紙漉沢，黒滝，悪戸，国吉の 6 団体が参加した．連合会では毎年，各団体もちまわりで共演会を開催している．

　近年の新たな取り組みとしては，獅子踊りが町会の家々を回る「村踊り（村

回り）行事」の復興がある．この行事はもともと鳥井野獅子踊が復活する以前は秋に行われていた．これを正月の行事として 2016 年に初めて行い，これ以降，毎年継続している．

　この行事が行われたことにより，鳥井野に獅子踊があったことを初めて知る人や，「久しぶりに獅子踊を見た」，という人もいた．獅子踊が地域に積極的に出て行くことで地元の人々の獅子踊に対する認識や理解が深まり，さらなる協力者が増えてきている．獅子踊の活動を地域で継続してゆくためには，保存会と地域の人々とのつながりが重要である，という点が村回り行事の復興を通して再認識されている．

（2）　現在の活動

　毎年行われている行事は，冬季に行う獅子頭の修理，春の花見，7 月に白山姫神社で行われる例大祭での奉納演舞，秋に平川市で行われる「青森県県下獅子踊猿賀神社奉納大会」への参加や，鳥井野十五夜祭りなどがある．

　この他には，7 月下旬に開催される弘前市岩木地区の夏祭りや旧暦 8 月 14 日に猿賀神社で開催される県下獅子踊大会，その翌日の鳥井野十五夜祭，秋や冬に岩木文化センターで行われる文化祭や文化芸能祭などへの参加，そして 2016 年より始められた正月の村回りなどがある．さらには，結婚式での祝舞やイベントでの演舞なども行っている．

　また，囃子方のみが祭囃子の演奏や，ネプタ運行におけるネプタ囃子などで依頼を受ける場合もある．

　かつては獅子おさめの日を境に獅子を踊らない期間があったが，現在では，ほぼ通年，練習会を行い活動している．農繁期には練習会が休止になることもある．

　次に，保存会における人々の主な活動の様子について概観する．

　練習会について，鳥井野獅子踊保存会ではリンゴの収穫期など一時期を除いて，ほぼ通年，毎週 1 回の練習会を行っている．

　練習会は，現在では水曜日の午後 7 時 30 分頃より 9 時過ぎまで行われる．

内容は主に「全体で一つの演目を通しで行う練習」と「踊りの所作や囃子の演奏方法などを個別に行う練習」とに分けられる.

　基本的な練習方法は前者で, 獅子踊りの演目のうち一つを定め, これを通しで2回練習する. 踊りや囃子を新たに習得する人は, 熟練者の後ろについて, その動きや演奏を模倣する.

　練習が終わった後は, しばらく皆で談笑しているひとときがある. これを「反省会」と呼ぶこともある. 子どもたちには, ジュースやお菓子が出され, 大人たちはお茶やお酒をたしなむ.

　このような場面では, その日の練習についての話題や, 今後の予定について話し合われるが, それだけではなく, リンゴ栽培や稲作などの話題, あるいは日々の話題やテレビの話題なども語られる.

　かつては夜半過ぎまで, お酒を呑みながら語り合うこともあったというが, 現在ではそこまでの長時間になることはまれである.

　鳥井野獅子踊り保存会は, 近隣の獅子踊り団体に比べて, 年間の公演回数が比較的多い方である. 毎回の公演では, 事前に参加できるメンバーを確定する. 後述するが, 近年では, 地域外からの賛助会員による参加に支えられているという事情もある.

　公演では, 演目の内容をすべて行うのではなく, 内容を短縮して10分から15分以内の時間で踊ることが多い. これは, 出演先での持ち時間の制限によるものである.

　公演から戻ると, 飲み物などを用意し, 歓談の場が設けられるが, その前に, 毎回必ず獅子頭を所定の場所に納めて, 全員で礼拝する.

　現在では獅子芸能に対する信仰心は薄れつつあるものの, 獅子頭を神聖視する何かしらの観念は存在している. 保存会員が獅子頭に向き合う際には, 縁起を担いだり, ジンクスを信じたり, 日々の幸福を願ったりするような心理状態になることがある.

おわりに

　本章では，青森県内における民俗芸能や年中行事に携わる人々の活動に焦点をあてながら，地域の中で受け継がれてきた無形文化を紹介した．

　第7章では，引き続き，これらの無形文化が，現在，どのようにして維持・実践されているかについて見てゆくことにしたい．

注
1）「青森県集落経営再生・活性化事業」．弘前大学と青森県との共同研究であり，平成26年度より27年度にかけて青森県内5カ所の地域において展開された．
2）　青森県津軽地方にはネプタ・ネブタと呼ばれる年中行事がある．これは扇形もしくは立体的な人型の灯籠をつくり，太鼓・鉦・笛による囃子を伴いながら，夜間に各地域を巡回する行事である．七夕行事の一環であるとされている．「ネプタ」と「ネブタ」の呼称については，青森県内において混在しているものの，行事そのものの特質について明確な区別はない．

参考文献
青森県教育委員会（1996）『青森県民俗芸能緊急調査報告書』．
青森県史編さん民俗部会（2004）『青森県史　民俗編　資料　津軽』．
青森県史編さん民俗部会（2001）『青森県史　民俗編　資料　南部』．
岩木町史編集委員会（2010）『新弘前市史　資料編　岩木地区』．
岩本通弥（2007）「現代日本の文化政策とその政治資源化――「ふるさと資源」化とフォークロリズム」『資源人類学――資源化する文化』弘文堂．
折口信夫（1967）『古代研究Ⅳ　民俗学編④』角川書店．
菊池和博（2012）『シシ踊り――鎮魂供養の民俗』岩田書院．
齋藤昭一（1995）『山一　金木屋又三郎日記抜粋編』青研．
下田雄次（2015）「剣舞に「協力」する人々――地域に伝わる民俗芸能にかかわることで人々は何を体験しているのか」『地域社会研究』弘前大学地域社会研究会．
下田雄次（2015）「民俗芸能と〈日常〉の身体のつながりをめぐって――同時代的文脈のなかでとらえる民俗芸能の姿」『弘前大学大学院地域社会研究科　年報』11．
下田雄次（2016）「民俗芸能の「余興」的実践――青森県津軽地方の祭囃子を題材に」『弘前大学大学院地域社会研究科　年報』12．
下田雄次（2017a）「地域振興における民俗芸能の伝承活動支援――「正統的」参加による

　　芸能調査・支援の可能性」『青森県の民俗』12，青森県民俗の会.

下田雄次（2017b）「民俗芸能の復元・復興支援のプロセス——青森県七戸町上原子集落
　　の盆踊り」『地域社会研究』10，弘前大学地域社会研究会.

原子藤太郎（2002）『上原子村史　温故知新』.

對馬伴成（2013）「広報　サイギサイギ」4，鳥井野地区お山参詣実行委員会.

天間林村文化協会（2005）『天間林村文化創造史』.

鳥井野地区お山参詣実行委員会（2012）『鳥井野地区お山参詣実施報告書』.

鳥井野獅子踊保存会（2016）『鳥井野獅子踊りの歩みとこれから——弘前市無形民俗文化
　　財指定三十周年記念』.

平井太郎（2015）「委託研究　青森県集落経営再生・活性化事業」『地域社会研究』.

ポランニー，マイケル（1980）『暗黙知の次元』佐藤敬三訳，紀伊國屋書店.

松下清子（2000）『津軽の獅子舞・シシ踊』北方新社.

第5章 ヨーロッパ市民社会における共食と文化

はじめに

　フランスのシャトー（Chatou）から毎年7月に短期で日本の小学校に留学してくる男子児童の話によると，現在のフランスの小学校では，クラスの半数くらいはデジュネ（ランチ）を家に食べに帰っている．彼は，家族が忙しいので学校で注文して，ランチルームで食べているそうである．フランスでは，田舎に行くほどランチを家に食べに帰る児童が多くなる．家では，主に祖母がランチを作っていて，帰ることができる家族が共食をすることになる．日本では，小学校は全員がクラスで担任と共に給食を食べるか，私学ではランチルームでバイキング形式などにより仲間と共に食べる学校もある．このような食事形式の違いは，国の文化の形成にも大きく影響している．

　文化が成立するためには，集団において共食を成立させることになるマナー，つまりルールの存在が必要である．その原型は狩猟民族の「獲物の公平な分配」の「掟」である．それがなければ，人類は誕生以来しばしば生存を脅かされてきた氷河期を生き延びることはできなかった．そこには，必ず道徳的なきまりや掟が存在していた．共食によって生み出された「掟」としての「道徳」や「規範」が人類発展の要因になっているのである．その「道徳」や「規範」が集団の人間関係を円滑にしていくことによって，集団への帰属感が大きくなって文化を生み出していったと考えられる．

　本章では，ヨーロッパの市民社会におけるそれぞれの国独特の食事の風習における共食とそのことによってもたらされる文化の違いや共通点についてイギ

リスのシティズンシップ教育の観点から述べることとする.

　イギリスのシティズンシップ教育は，多様性を尊重しながらも社会的また道徳的責任感を持つことによって，現実の政治的課題を克服し，社会的統合を成し遂げることができる市民性を養うものである．このことはイギリスのみならず現在に至る全ヨーロッパの歩みを踏まえた理想ともいえる．したがってこの観点から共食を俯瞰するということは，それがヨーロッパ各国の市民社会形成において果たしてきた役割と意義を再確認することになるのである.

1．イギリスのシティズンシップ教育と「共食と文化」

　イギリスのシティズンシップ教育の観点から「共食と文化」を考察していくためには，基盤となるコミュニティを構成する文化的精神的要素を分析することが必要になる.

　2002 年の秋学期から必修教科としてナショナルカリキュラムに導入されたイギリスの「シティズンシップ」は，コミュニティを重視し，コミュニティにおける積極的な活動を通して，政治的な有能感や，自分とコミュニティとの間の義務感や責任感を共有することのできる生徒を育成するものである．シティズンシップとしての市民的資質が育成される社会の構造を空間的にとらえると，個人や家族の集団から地域社会へ，そして国家・世界へと広がっていく.

　このような目的を達成するために，シティズンシップ教育には次のような四つの構成要素が示されている[1].

　　① 社会的道徳的責任（Social and moral responsibility）
　　　いかなる場所でも，生徒が自信をもって信頼できる行為ができることを支える社会的および道義的責任.
　　② 地域への関わり（Community involvement）
　　　コミュニティにおける人間関係とコミュニティに対するサービスを通して身に付けた生徒のコミュニティを維持するための関わり方.

③ 政治的能力（Political literacy）

　政治的読み書き能力と知識技術，価値を通して生徒自身の公的生活を有
　意義にする政治的能力.

④ イギリス人らしさ（Britishness）

　アイデンティティと多様性を重んじ，政治的な問題も踏まえて身に付け
　る社会参画の資質やスキル.

　これらは，あくまでもイギリスの学校教育を進めていく上での構成要素であ
るが，国や地方を問わず地域社会の文化を守り発展させる市民としての資質を
育てるためには非常に大切なものである．④の「イギリス人らしさ」を各国国
民と読み替えれば，そのまま現在のヨーロッパ市民社会を支える基本理念とも
なるものである.

2．肉と共食文化

　イギリスの家族の会食において，伝統的に一番のごちそうは日曜日の昼食の
「ロースト・ビーフ」である．これは「サンデー・ロースト」と呼ばれ，母親
が焼いたものを，必ず父親が肉を切りさばき家族に与えるのが伝統である．自
らの手で食物を切りさばき家族に均等に分かち与えることこそ父親の権威の象
徴である．狩猟民族の長が肉を切りさばいてみんなに公平に分け与えたことが
イメージできる．大英帝国として世界に君臨してきたイギリス社会での父親の
権威が保たれてきた一つの要因になっているのかもしれない．現在は単なる家
族サービスになっている場合もあるが，結果的に食物を均等に分かち合うとい
うこの伝統は，共食を通して家族のコミュニケーションを図り絆を強め，文化
を継承していくものであった.

　フランスにおいても，主人が自ら肉を切りさばいて客人をもてなす風習は，
19 世紀には広まっていったのであるが，それ以前にはナイフをふるえるのは，
血縁関係にある「ある程度の地位のある人」であったということが伝えられて

いる．ナイフというものの危険性を配慮したものである（三宅・上田 1975）．

　「肉を切り分ける」という感覚は，日本のように米作中心に発展してきた国には，あまりなじみのあるものではないが，人類の祖先が狩猟によって食糧を得ていたことを考えれば，至って当たり前の日常的光景であったといえる．

　肉を切り分けるわけではないが，ドイツといえばソーセージが有名である．ジャガイモが新大陸から輸入される以前，食料が不足する冬の保存食とするために，秋の終わりに家畜の豚を処分して専門の職人を雇い，ソーセージに加工してもらったという．そして，ソーセージを家族や仲間で食べながら，晩秋から冬の一日を過ごすのである（三宅・上田 1975）．

　その共食の場では，一年の農作業などの話が盛り上がるであろうし，村における問題なども話し合われていたと想像できる．中世ドイツでは食糧事情が大変厳しく，冬を越すというのはそれだけでも大変なことであった．そうした中では春に家族そろって畑仕事ができるよう，個人個人の健康状態に配慮しながら父親が保存食であるソーセージを分配したのであろう．また村全体としても家族同士で食料を融通し合い，時に村の長が均衡を保つためにそれを指示することもあったのではないかと考えられる．

　以上見た通り，連綿と受け継がれてきた食習慣というのは生活の基盤となっており，民族の文化形成や精神性にも食に対する感性が深く関わってきた．人類が生き延びてきた共食の形態というのは，その土地の風土によって異なっており，そのことが各国の文化の多様性へとつながることにもなっていった．

　このことについて，シティズンシップ教育の観点から見ると，「② 地域への関わり」の要素が強く感じられる．ヨーロッパ社会では肉の存在が欠かせない．それは地域社会の中で，皆が満足して生活するための大きな要素ともなっていた．権威のある代表が肉を調理してみんなに公平に配分して共食をすることを通して，家族を基本単位とした集団社会の「絆」が強くなり，さまざまな問題が起こっても共食の際に話し合うことによって相互理解が生まれ，よりよいルールやマナーなどが決められていったのである．

3．パンと共食文化

（1）　パンとコミュニティ

　Community の語源はラテン語の Com「共に」pan「パン」y「人たち」が結びついたものであり，仲間を意味する Companion という英語に変化したことが多くの辞典で説明されている．さらに，ラテン語の Communis「共有」も関係しているそうである．Com が共通であるので，Community も Company も「共有にするもの」という意味は同じである．食を共にする中で，協同や協力し合うという概念が発展していったと考えるならば，コミュニティでは「パンを共に食べる」という「共食」が基盤になっているといえるだろう．

　また，ヨーロッパの文化の継承を研究する上でもパンは欠かせない．それが各地域ごとにさまざまな種類や形態で共食されることによって文化を形成してきた．ムギを挽いてこね，形をつくり火を使ってパンを創り出してきたからこそ，ヨーロッパ文化は発展し，同時にコミュニティを形成することができたのである．

　各民族や地域ではそれぞれ主となる穀物食がある．食文化の柱になるコメ・ムギにはそれぞれの文化が形成されてきた．ムギを食べる民族はパンが食べ物の総称になって，広くさまざまな文化レベルで蓄積されて文化が継承されてきた．パンを焼くという技術が家庭の中で伝承されるだけではなく，それに付随する暮らしにかかわるマナーや作法や道徳的規律なども継承されてきたのである（舟田 2013）．したがって，ヨーロッパの各国の共食文化を探究する上で，「文化の蓄積」や「伝承」は大きなポイントになる．これはシティズンシップ教育の観点から見ても，コミュニティへの帰属感や秩序などを検証する場合には欠かせない内容である．

　それぞれの地域特有の共食を構成するのは，「しきたり」「作法」「形態」「食材やメニュー」である．そのすべての基盤には，料理の公正・公平な分配がある．それにはただ乗りするフリーライダーの排除という重要な意味がある．フ

リーライダーがあらわれると，コミュニティや文化の形成・維持に支障が出てしまう．それを防ぐために，「道徳」や「規範」が意識付けられるようになったのである．このことにはシティズンシップ教育の四つの構成要素すべてが関わっている．

（2）　パンに関する文化

　共食における料理の出し方には，時間に沿ってメニューを順番に出していく時間展開型と，すべてのメニューをテーブルに同時にすべて並べる空間展開型の二つのパターンがある．どちらにしても皆で話をしながらコミュニケーションを深めていくことには変わりはない．フランス料理のコースの場合，現在は時間展開型である．フランスは200年ほど前にロシアの影響を受けて空間展開型から時間的展開型に移行した[2]（佐原・大岩 2018）．ただし各家庭では家族全員が楽しく話しながら食事ができるよう空間展開型が主流となっている．それでも儀式など特別な会食では，時間展開型になる．日本でもコース料理や懐石料理は時間展開型であるのと同じである．

　共食によって，人々は，料理やメニューによって味が異なることに気付く経験を重ね，その中で周囲の人々や他者の存在を認識することができる．その際に，一人ひとり味の好みが違うことから個性や多様性を感じ取るのである．また，共食の中では，言語を用いて自分の思いや感情を表現する．同じ空間を共有し，互いの共通点や相違点に気付きながら相互理解や寛容の徳を身に付けていくのである．言語で表現することによって，コミュニケーション能力が自然に育成されていくことになる．

　この点に関しては，シティズンシップ教育の観点では，「③ 政治的能力」の要素が強い．集団社会を代表する人々が話し合って政策を考えるように，会食を通して相互交流を図り，相互理解を通してよりよい食文化を生み出していくことになる．

　人類は，もともと狩猟を行っていたが，その後にコメやムギをつくりはじめた．そして，それ以外の作物も含めさまざまな食材や調理法を見出していった

ことにより人類の食文化は発展してきた.

　パンに関しては人類の認知・思考能力を反映してパンを自己対象化しながら,
十字パン[3]をはじめとするさまざまな形や味のパンを作ることを通して,そこに
何らかの意味を見出したり,人々の願いをこめたりして,文化を創造し継承し
てきたといえる.このことも食文化の発展につながっている.

　パンにも白パン・黒パンがあり,発酵パン・無発酵パンがあり,パン焼きの
窯も多種多様である.地域や家庭においては,パンを焼く技術を伝えていくこ
とを通して,マナーや躾などの道徳的スキルが伝承され,蓄積されてきたので
ある(舟田 2013).

　パンの共食が文化史の中で重要な役割を担ってきたことは確かである.この
点についてシティズンシップ教育の観点では,「① 社会的道徳的責任」の要素
が強い.パンの製造は集団生活を維持するために欠かせないものであり,パン
の生産や供給が社会的道徳的責任につながっていったと考えることができるか
らである.

4.「共食」とコミュニティ

　これまで述べてきたように,共食の方法や様式によってその国や地域特有の
文化を生み出し,その中で細かな「しきたり」「マナー」「風習」を生み出して
きた.シティズンシップ教育の四つの構成要素から見ても,その中には集団へ
の積極的な参画や,秩序の維持に関わる社会的,道徳的責任が存在する.それ
を厳格なルールにすると法制度の一節にもなるし,独自の国家感を生み出すこ
とにもつながる.一緒に食事をする際には,公平ではあるが個人の特性に配慮
した微妙な配分の違いが生じることもあるだろう.こうした経緯から次第に集
団とその中における個人のあり方も考慮されるようになっていったのではない
だろうか.

　また共食がコミュニティの存続や文化の創造に寄与するということについて
は,次のような意義が挙げられる.

　まず、「共生」「協働」である．共食という場があるからこそ、前述したように家族や種族単位で狩猟をしたり農耕をしたりして得た食糧を、分け隔てなく分配し、結果として家族やコミュニティの維持を図ることができる．そこから社会的共生が生まれるのである．

　次に「コミュニケーション」である．コミュニケーション欲求は人間が本来的に持つ基本的な要素であり、食事の場は重要なコミュニケーションツールとなる．火による調理が始まると、人類は言語がない時代からその周りに身を寄せ合い意思の疎通を図っていたことであろう．互いに視認しながら穏やかに共存してきたのである．そのことで互いに理解し合い、信頼し合うことができて、連帯感も生まれてきたであろうし、言語能力の発達にも重要な役割を果たしたであろう．

　これに対し、たとえばサルの場合は集団行動はするが、食べ物については火を使えないので、殺菌や保存が十分にはできない．そのことは腸に大きな負担をかけることになり、脳の発達を制限する．そのため双方向の高度なコミュニケーションをとることはできない．

　さらに「慣習」「作法」「マナー」そして「道徳」である．共食の場におけるルールから始まり、食事での振る舞いの規範が作法やマナーへ、そしてさらに集団の行動規範や社会秩序へと発展していったのではないだろうか．共食の場において、まずは親の振る舞いが子どもの模範になり、それを子どもが模倣することによって生活様式や作法を学ぶことになる．このようにコミュニティを維持していく上で最重要ともいえる道徳は、家庭における親子のこうした関係から始まるのである．

5．さまざまな国の共食文化

（1）　イギリス

「イギリス料理」という言葉はあまり使われない．それは、大英帝国時代には、フランスを始めとして他の地域の料理人を呼んでいたので、独自の料理が

発展しなかったからである．ランチも，パンとチーズが中心になっている．ここでは「アフタヌーン・ティー」と甘いパンやお菓子に着目したい．

　大人にも子どもにもよく知られており，世界共通の文化財産ともなっている「マザー・グース」では，さまざまな食べ物が出てくる．

　まずは，「ホットクロス・パン」である．

> Hot cross buns! Hot cross buns!
>
> One a penny, two a penny, Hot cross buns!
>
> If you have no daughters,
>
> Give them to your sons,
>
> One a penny, two a penny,
>
> Hot cross buns!
>
> 　　　　　　　　　　　　　　　　　　　　　　　　　（鷲津 1996：29）

　以前は，この歌を歌いながら，グッドフライデーの朝食用として「ホットクロス・パン」が売られていた．

　「ホットクロス・パン」は十字切れ目や飾りがついていての印が入っていて，

図5-1　現在はイギリスのスーパーで販売されて
　　　いる「ホットクロス・パン」
出典：鷲津（1996：29）.

ホカホカでおいしかったようである.

　「マザー・グース」には多くの食べ物が出てくる. イギリスの食文化にも大きく影響している. 家族や地域の人々と楽しく共食する中で, イギリスの古きよき風習や伝統文化が受け継がれている (鷲津 1995).

　「イースター」は「復活祭」でキリストの復活を祝う日, つまり, 十字架にかけられたイエス・キリストがよみがえったことを記念する日である. その日は, 春分の日を過ぎた最初の満月を迎えた次の日曜日であるので, 毎年移動する. その直前の金曜日であるキリストの受難の日を「グッドフライデー」と呼ぶ. なぜ Good と呼ぶのかは, いろいろな説がある. 興味があれば, 調べてみるのもよいかもしれない.

　「十字パン」は, 19 世紀末にロンドンの教会で, グッドフライデーの日に「ホットクロス・パン」を配ったのが始まりで, 子どもたちと一緒に歌いながら手遊びをするなど, 昔から親しまれてきた.「マザー・グース」の研究家の鷲津名都江によると, 今はスーパーで袋詰めの「クロス・パン」が売られているそうである. しかし地域社会の中では, イギリス文化を表すものとして継承されており, レーズンやハチミツの甘い香りに包まれて, 皆で味わいながらさまざまな話に花を咲かせている.

　また,「マザー・グース」には次のような詩がある.

　　　「木馬にのって」
　　　『Ride a Cock-horse』
　　　Ride a cock-horse to Banbury Cross,
　　　To see what Tommy can buy;
　　　A penny white loaf, a penny white cake;
　　　And a two-penny apple pie.　　　　　　　　　　　　　　　（鷲津 1996：xii）

　この詩は, 子どもたちが口ずさみながら木馬に乗って遊んだり, お母さんの膝の上で遊んだりして, 今でもイギリスで親しまれていて, イギリス文化の雰囲気を味わうことができる.

　オックスフォードシャー州の北の端にあるバンベリーは「マザー・グース」によく出てくる町である．「バンベリー・クロス」というのは，十字架が立っているバンベリーの町の広場であり，そこでは白いパンと白いケーキが売られており，それぞれ1ペニー，またアップルパイが2ペニーであった．バンベリーでは昔から大きな市場が開かれ，バンベリーケーキというホワイトケーキでよく知られている．「十字パン」とは直接には関係していないが，「クロス」という地名は十字架が町に立っているように，昔カトリック教徒たちがそこで市場を開いたことに由来している．このケーキや歌は今でもイギリスの人々に親しまれている（鷲津 1995）．

　シティズンシップ教育の観点では，「④イギリス人らしさ」との関連が強い．前述のパンやお菓子を食べながら，自分たちのアイデンティティを感じることができ，コミュニティの結束も固まっていくだろう．

　イギリスでは，パンと共に紅茶がよく飲まれている．この習慣は18世紀半ばに庶民の間に広まった．

　イギリスの水は硬水の中でもカルシウムを多く含んでいて，紅茶の味を引き立てているそうである．イギリスの人々は，朝，朝食，11時のお茶，昼食後，午後のお茶，「アフタヌーン・ティー」（スコーンやサンドイッチなどをつまみながらゆったりと楽しむ時間），夕食後というように，紅茶をよく飲む．その際には，もちろん共に語り合う「共食タイム」が生まれるのである（鷲津 1995）．

　「マザー・グース」の詩の中には，他にもマフィンやプディングやオレンジやレモンなど多くの食べ物が出てくる．それらを食べ，紅茶を飲みながら，人々がゆったりと「アフタヌーン・ティー」をする様子が目に浮かんでくる．こうした習慣が自然と共食の場へとつながっていったのである．

（2）　フランス

　フランスの食文化に関して，「コンヴィヴィアリテ」という言葉に着目したい．日本でもこの名前のフレンチレストランが知られていて，インターネットでもたくさん見ることができる．フランス語の「コンヴィヴィアリテ」はいろ

いろな解釈があるが，基本的に「一期一会」「共食を楽しむ」ことに集約することができる．同じ空間で楽しく会話をしながら食事を楽しむのである（玉村2000）．ゆっくりと語り合いながら食事をする文化がフランスにはある．家族でレストランに行って，2～3時間はゆっくりと過ごすのが日常の光景である．

その媒介になるのが「ワイン」である．実際にフランスのワインの消費量は日本よりもかなり多い．日本でも「ぶどう収穫祭」や「ワイン祭り」が行われているが，フランスのワイン生産地では，それぞれの地域で趣向を凝らした「ぶどう収穫祭」が行われていることが広く知られている．時期は8月～10月で，試飲，料理，催しなどが工夫され，人々の憩いの場となっている．

次に，子どもたちのランチについて述べてみたい．一般的に知られているように，フランスの学校は幼稚園から高等学校まで，昼休みは校内でもランチは食べられるのであるが，基本的には家庭に帰って食べている．そのため，昼休みは長く，多くの学校では午前11時半から午後1時半過ぎまである．歩いて帰ったり，お迎えがあったり，バスで帰ったり，とさまざまであるが，家庭でランチを食べることが多いようである．家庭事情もあって，いろいろなケースがあるのは言うまでもないことだろう．先に紹介した留学生の場合は両親が忙しいので学校のランチルームで食べているが，時間的な余裕がある家庭では，家族でゆっくり話をしながらランチを食べているそうである．

ランチの会食の中では，いろいろな話が交わされ，マナーや作法などの道徳的な内容も話題になるので，文化の継承や創造につながるものとなっている．

（3）　ドイツ

フランスではワインが主なアルコール飲料であれば，ドイツではビールである．ビールを飲みながら民衆が交流する場であり，パブリックハウスやビアガーデンが「民衆が語らい交流する場」として存在してきた．

特にドイツでは，ビアガーデンが飲酒だけではなく共食の場としても活用されてきた．ミュンヘンでは2012年，ビアガーデンの誕生200周年を祝い，バイエルン州の伝統的な音楽やダンスが催されことがニュースとなった．バイエ

ルン州では，ビアガーデンが自宅の庭のような感覚で親しまれており，最近はレストランに付属する形も含め 1000 か所以上で営業されている．ビアガーデンではビールを挟み家族や仲間で共食を楽しんでいる．

　ビールに欠かせないのは，ソーセージである．ドイツではよく「フライシャーマイスター」という称号をもった職人がいる食肉販売店を見かけることがある．「フライシャー」は「食肉加工販売業者」のことであり，こうした販売店の広告には，「ゲゼル」という「職人」として修業を積んだ「マイスター（親方）」が腕を振るったソーセージが並んでいると謳っている．

　ドイツではイギリスと同じように，早くから学業コースと職業コースに分かれて，それぞれが具体的な自己実現のために努力する．子どもたちは，家庭での共食を楽しむ中で自然と将来の話になり，たとえばキャリアとしての「フライシャーマイスター」という言葉を早い段階から知ることになる．

　またドイツ北部ではジャガイモ，南部では「クネーデル」というジャガイモとパン粉と小麦粉を混ぜたもの，南部の西寄りでは，「シュペッツレ」という小麦粉パスタがよく食されている（佐原・大岩 2018）．もともとドイツの国土はやせていたので，荒れ地にも強いジャガイモが普及して食糧事情を安定させることができた．このことが後の国家の発展につながったといわれている．こうした点からすると，ドイツの食文化はイギリスのお菓子文化やフランスの豪華なコース料理文化とは違って，日々生きていくためのものという印象を強く受ける．

（4）イタリア

　イタリアでは海の幸が豊かであるので魚料理が中心である．スープ，ムニエル，グリル，シチュー，フライ，グラタン，煮込み料理など料理のメニューも多い．ナポリ近郊のポッツオーリなどは古くからの漁港である．子どもたちも魚に触れることが多く，家族や仲間との共食も魚料理が中心で，大人たちもアルコールよりも料理を大切にする（三宅・上田 1975）．ゆっくり時間をかけて楽しく食べることがイタリア人の美徳になっている．和やかに食事ができる生活

は子どもたちの人格形成にも大きく影響していると考えられる.

　魚の他には麺類が多く「パスタ」は有名である. スパゲッティ・マカロニ・フェットチーネ・カネロニなどである. 「アンティ・パスタ」はパスタの前に食べるオードブルであり, 日本でも広がりを見せている. イタリアはパンの文化というよりもパスタの文化であり, 小麦粉という一つの原料から何十種類ものパスタを作り上げるというセンスは, 共食を通して子どもの頃から磨かれているといえるだろう. そしてそれは自分たちの国を愛する態度や誇りに繋がっていくことになる.

（5）　スペイン

　スペインといえば「シエスタ」をイメージする人が多いであろう. ただし今はあまりに長い昼休憩は行われていないようだ.

　19世紀末までのスペインの伝統的社会では, 1日4食か5食であった. 朝食・アルムエルソ（10時半ごろの小休憩の軽食）・コミーダ（昼食）・（ここにシエスタが入る）・セナ（午後7時か8時）・さらに夜食（9時ごろ）をとる場合もあった.

　スペイン語で「食べる」は「comer（コメール）」である. 先に紹介したラテン語の「Com（共に）」が入っているのが興味深い. スペインでは, 「他の人とともに食事をする」と理解している人が多いようである. つまり, 仲間との意思伝達の場になっているのである（立石 2007）.

　代表的なスペイン料理は, バレンシア地方発祥の「パエリア」である. テレビ番組や料理の本で紹介されているように, みんなで食事を楽しむのは「パエリア」が定番である. パエリア料理をふるまうのは主に「一家の主」である. 先に述べた「肉を切り分ける」のが主人の特権であるのとよく似ている.

　子どもたちは祖父母や両親からパエリアの作り方を継承していく. 楽しくゆっくり共食をする中で, さまざまな話を通して伝統を受け継いでいるのである.

　イタリアとスペインの共食文化については, シティズンシップ教育の観点では, 「④ イギリス人らしさ」との関連が強い. ここでは詳細に解説する余裕は

ないが，両国とも東洋文化との文化交流も見られ，多様な文化を取り入れながら，独自の食文化を形成してきた．

（6）　オランダとスイス

　オランダといえば「ゴーダ・チーズ」が有名である．一人当たりのチーズの消費量はフランスには及ばないが，若者のランチの定番がチーズ・サンドイッチであるように国民の食生活に深く浸透している．

　スイスで有名なのはグリュイエール・チーズである．一つが35 kgもある大きな車輪型のチーズで概ね牛乳が320ℓも使われている．最近は機械化された工場での生産がほとんどであるが，発祥地であるグリュイエール村では今でも手作りで作っている農家がある．

　スイスで代表的な料理の一つが「チーズ・フォンデュ」であり，その共食は皆の楽しみである．子どもたちもフォークで刺したパンを鍋に入れ，ねっとりと糸を引くチーズを器用に回して，ふうふう吹きながら食べている（三宅・上田 1975）．チーズ・フォンデュは，もともと雪に閉ざされたスイスの暮らしの中から工夫され受け継がれてきたチーズとパンだけの質素な庶民料理である．その独特の食べ方は共食を通して子どもたちに伝わり，質素な中にもお互いを

1位 デンマーク	28.1 kg	2位 アイスランド	27.7 kg	3位 フィンランド	27.3 kg
4位 フランス	27.2 kg	5位 キプロス	26.7 kg	6位 ドイツ	24.7 kg
7位 スイス	22.2 kg	8位 オランダ	21.6 kg	9位 イタリア	21.5 kg
10位 オーストリア	21.1 kg			≈ 日本	2.66 kg

図 5-2　世界各国の一人当たりチーズ年間消費量（2016 年度）

資料：JIDF 世界酪農情況 2017 より.
注：日本の消費量は，農林水産省「チーズ需給表」2017 年チーズ消費量÷（総務省統計局 2017 年 10 月 1 日現在人口）
出典：日本輸入チーズ普及協会〈http://www.jic.gr.jp/data.html〉

思いやる温かい心も受け継がれている．肉よりも安いカロリー源として「白い肉」とも呼ばれているように，チーズはパンと並ぶ主食といってよいほどのものである．

6．共食とシティズンシップ教育

イギリスのシティズンシップ教育では，児童生徒が積極的にコミュニティの活動に参画することによって，多様性を尊重した社会的道徳的責任感や政治的能力を育てている．そのためイギリス人は「ブリティッシュネス」という意識と同時に「イングリッシュ」「アイリッシュ」「ウェルシュ」「スコティッシュ」といった意識も持ち合わせている．「公」に焦点を当てながら「私」へのベクトルも大切にしていることになる．これは現在のヨーロッパ市民社会全体としても目指す方向は基本的には同じである．

国や地域が異なればさまざまな食文化や食習慣があり，そのために見解の不一致や価値観の違いも生じやすくなる．だが食事を共にし，語り合い，それぞれの良さを認め相互理解を図るよう努めれば，共にヨーロッパに生きる人間としてそれを乗り越えることができる．それが長い歴史を経た現在の人々の率直な思いなのである．

ヨーロッパ全体としては，現状ではブレグジットに代表されるように自国や自民族優先の風潮が台頭している．一方，これまでの協調，統合という路線を支持する勢力がまだまだ強いのも事実である．両者は激しくせめぎ合う場面も見られるが，内心では誰もが対立を克服し相互理解を図りたいと願っているはずである．まさに今，これまでの伝統に則った共食の場で，シティズンシップ教育の構成要素を敷衍した語らいが求められているのである．

おわりに

はじめに紹介したフランスのシャトーからの短期留学児童は，ご飯もパンも

好きであり，フランス料理の「ポトフ」も日本料理も好物だそうだ．フランスのランチも日本の給食もおいしく食べ，共食を楽しんでいる．この児童のふるまいには，現在のようなヨーロッパ市民社会が成立するまでの過程が凝縮されているともいえるだろう．

　ヨーロッパ市民社会は国や地域同士の時に戦火を交えた合従連衡を経て，自分たちが生きるこの場を，自らと他者とが協調しながら平和で安心できるコミュニティにしていこうという決意の下に成立してきた．それを一つの形としたものが，イギリスのシティズンシップ教育における四つの構成要素なのである．

　ただしコミュニティといっても単に人が集まるだけでは烏合の衆である．人々の紐帯となるものがなくてはならない．それが「道徳」「規範」を基盤とした文化であり，そしてそれを育み継承する母体となるのは「時間」「場所」「人」を共有し，「相互理解の場」や「人間として成長する場」としての「共食」なのである．

　本章では紹介できなかった他の国々も含めて，ヨーロッパの文化の形成や発展にはさまざまな形態の共食が関係していることを示した．各国の児童生徒はそれぞれの国や地域や家庭での共食を通じて，それまで受け継がれてきたコミュニケーションスキルやソーシャルマナーを身に付けている．

　現状では，ヨーロッパ全体とそれに対する国としてのアイデンティティ，さらには自らの立場とそれとは異なる人種や民族間における相克という問題が，時に深刻な状況を伴って噴出している．

　その意味でこれからの時代を考えていくならば，自らが所属するコミュニティを範例とする広範な市民社会を構成し，さらには国際的な視野をもって人類の発展や繁栄を担う児童生徒を育成する必要があるはずである．それを揺籃していくのもやはり「共食」という場なのである．

注
　1）　①〜③の構成要素は，Crick（1998）が，④は Ajegbo（2007）が取り上げた．イギ

リスにおいては，移民の増加，同時多発テロ，2005 年のロンドン多発テロ事件などが起こり，多様な民族の中で，文化や宗教における価値観も多様になり，シティズンシップ教育においても，多様性やアイデンティティの問題が議論されるようになり，「イギリス人らしさ」（Britishness）とはどういうものであるのかについて言及されるようになった．その中で，イギリス的価値（British value）や国民意識（national identity）をシティズンシップ教育に取り入れるべきだということになった．

　それを受けて，2007 年 1 月にキース・アジェグボを中心に「アジェグボ・レポート」といわれている，"Ajegbo Report"（『カリキュラム・レビュー：多様性とシティズンシップ』（調査報告書）が提出されたのである．

　そのために，「クリック・レポート」の三つの構成要素に追加して，「イギリス人らしさ（Britishness）アイデンティティと多様性」が四つめの構成要素になったわけである（二つのレポートでは，ストランドをいう表現になっているが，構成要素と同じ意味ととらえられるので本章では構成要素とした）．

2 ）　佐原（佐原・大岩 2018）によるとロシアが「時間展開型の本家」であり，フランスは「空間展開型の本家」であったが，フランス革命後にロシア宮廷での宴会を経験したシェフが紹介したという説や駐在ロシア大使が紹介したなどの説があるが，いずれにせよロシアの影響を受けて一皿ずつ順序にしたがってテーブルに出す「時間展開型」になったのである．

3 ）　キリスト教の世界では，十字はお守りであり，祝福，魔よけ，清めなどを意味しており，パンは人の力だけではなく神の助けがあって，ムギが実り，発酵して焼きあがるという感謝の心がこめられている．

参考文献

Ajebgo, K.（2007）*Diversity and Citizenship Curriculum Review*, London: DfES.

Crick, B.（1998）*Education for citizenship and the teaching of democracy in schools: Final report of the Advisory Group on Citizenship6-7*, London: DfES/QCA.

佐原秋生・大岩昌子（2018）『食と文化の世界地図』名古屋外国語大学出版会（名古屋外大新書）．

立石博高（2007）『世界の食文化　⑭スペイン』農山漁村文化協会，18.

玉村豊男（2000）『ワインの時間』世界文化社，99.

舟田詠子（2013）『パンの文化史』講談社，pp. 217-218.

三宅進・上田千秋（1975）『食生活と文明』日本放送出版協会.

鷲津名都江（1995）『マザー・グースをくちずさんで』求龍堂グラフィックス，pp. 40-41.
　　　鷲津名都江さんには，1997〜98 年に旧文部省道徳教育推進資料を共に作成する際に，「マザー・グース」に関して，多くの話を聞かせていただいたことも参考にさせていただいている．

鷲津名都江（1996）『マザー・グースをたずねて』筑摩書房，pp. 29-30.

第II部

これからのコミュニティをどうするか

　第I部では，まず現在のコミュニティがどのような経緯で生まれたかを見た．人類が生き残っていくためには協調行動を確かなものとする必要があり，それを推進したのが共食と文化であった．そしてコミュニティをさらに高度化させたのが模倣と教え学ぶ能力であった．次に，その後も日本や西洋の歴史上でも共食はコミュニティ内の人間相互の信頼関係をつくる場となり続け，コミュニティにおける文化は人々の紐帯であり続けたことを示した．

　だが，現代ではコミュニティの衰退が指摘され，人々の信頼関係や絆の希薄化が危惧されている．第II部では各地域において，コミュニティの活性化を図ることでそれらの再生を試みるさまざまな事例を紹介する．それらは一見つながりのない取り組みのようにも見えるが，それぞれコミュニティの成立から発展に至るまでの重要な要素を踏まえたものである．これからのコミュニティのあり方に向けて有用なヒントとなるだろう．

第**6**章 これからの食の文化とコミュニティ

はじめに

　第3章第1節で述べたように，個々の人間の食事行動は，共食の基本的な単位である家族という人的環境の中で大きく影響を受けて形成されるものである．そしてそれは，共食の場の存在こそが，家族という最小単位のコミュニティの象徴として位置づけられることを示唆している．その基盤となる家族や家庭は，共食という観点からみた時，現在どのような状況にあり，今後どのようになっていくと推察されるだろうか．本章では，近現代の日本の家族・家庭環境の変化と，それと並行して変化してきた食卓のあり方を背景に，国の施策や新しい共食の場とコミュニティとの関連について，幅広い観点から考察する．

1．現代日本における家族・家庭環境の変化と食卓風景

（1）　少子化と高齢化の進行

　1960年代以降，日本は高度産業社会への変容の時期を迎え，それまで農業などの第一次産業に従事していた人々が会社に勤務するようになると，国民全体の所得水準が向上し，食生活も豊かになった．それまでは多くの家庭において3世代，4世代が同居しており，家庭で食事を作り，家族全員がそろって食卓を囲む一家団欒の光景が一般的であったが，急速な生活環境の変化に伴い，食卓をめぐる環境も大きく変化した．外食産業の隆盛とともに，市場には調理加工食品が増え，それらの利用頻度も高くなった．

　近年の外食，調理加工食品の利用機会の増加といった，いわゆる食の外部化については，女性の社会進出に伴う家庭での調理時間の減少に加え，少子化と高齢化の進行を背景とした家族規模の縮小，すなわち核家族化や単独世帯の増加も要因の一つとしてあげられる．

　日本の少子化は社会のさまざまな面に影響を及ぼしており，今後さらに深刻になるものと予測されている．合計特殊出生率は2005（平成17）年に過去最低である1.26まで落ち込み，その後数年は微増傾向が続いていたが，2016（平成28）年以降は再び減少傾向が続いている．厚生労働省が発表した2018（平成30）年の人口動態統計月報年計（概数）によれば，出生数は前年比2万7668人減の91万8397人で，1899（明治32）年の調査開始以来過去最少となった．合計特殊出生率は，前年比0.01ポイント減の1.42であり，出生数，出生率ともに3年連続の減少となっている．一定の地域や国の人口を維持していくために必要な合計特殊出生率は2.08といわれており，日本はそれを大きく下回っていることになる．

　この少子化と並行して高齢化も進行しつつある．現在日本は，65歳以上の高齢者が総人口の21％以上を占める超高齢社会である．今後高齢化はさらに進み，2050年には高齢化率が38％を超えると予測されている．高齢夫婦のみ，あるいは高齢単身世帯の増加も著しい．少子化に加え，高齢社会がもたらす影響も広がりつつあり，さまざまな面で問題を及ぼすことが懸念されている．

（2）　孤食・個食の増加

　本来家族とは，構成員の各々が家庭内で果たすべき仕事の役割を持っており，それらの労働の総和によって家庭が運営されるというものであった．しかし，前述した家族規模の縮小などにより，現代日本の家族はこのような古典的な家庭の機能論では説明できない集団となっている．そこでの食卓風景は，一人で食事をする孤食や，同じ食卓を囲んでいても個々に別のものを食べる個食が増加している．ハレの日，特別な日にはイベント的に家族そろっての食事の時間が設定されたりすることを考え合わせると，かつて食の分配をめぐって成立し

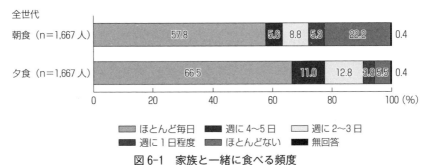

図 6-1　家族と一緒に食べる頻度

注：家族と同居している人が対象.
出典：農林水産省「食育に関する意識調査」2016（平成 28）年 11 月実施.

てきた共食集団としての家族は，いまや逆に，共食をすることが家族という集団を維持する役割を担うようになったともいえよう（田中 1987）.

　農林水産省による，家族と同居している人を対象とした「食育に関する意識調査（2016（平成 28）年 11 月実施）」によれば，家族と一緒に朝食と夕食を食べる頻度について尋ねたところ，「ほとんど毎日」一緒に食事を食べると回答した人は 6 割程度であった.

　家族と一緒に食事をすることの良い点については（以下，複数回答），一人で食べるよりも「家族とのコミュニケーションを図ることができる」（77.7%），「楽しく食べることができる」（64.9%）が上位を占めている. 加えて，「規則正しい時間に食べることができる」（38.4%），「栄養バランスの良い食事を食べることができる」（36.2%）など，一人で食べるよりも健全な食生活の実践につながるメリットが示されている.

　一方，一日のすべての食事を一人で食べることがどの程度あるかについて，「ほとんど毎日」と回答した人は，男女ともほとんどの年代において 2014（平成 26）年に実施した同調査結果よりも増加する傾向にある. 特に，70 歳代の女性では 26.0%，20 歳代の男性では 25.4% と，4 人に 1 人存在しており，2014（平成 26）年度の調査結果と比べて 6 〜 7 ％増加している.

（3）　一人で食べることへの意識とその背景

　2016（平成28）年の同調査結果で，一人で食事を食べることへの意識については，「一人で食べたくないが，食事の時間や場所が合わないため，仕方ない」という回答が41.7％と最も高い値となっている．また，「一人で食べたくないが，一緒に食べる人がいないため，仕方がない」が27.5％であり，これら二つの回答の合計は69.2％となっている．

　一方，「一人で食べることが都合がいいため，気にならない」（20.5％），「自分の時間を大切にしたいため，気にならない」（15.6％），「一緒に食べる習慣がないため，気にならない」（8.9％），「食事中に作業をするため，気にならない」（4.4％）のように，一人で食事を食べることについて気にならないという回答をした人が合計49.4％存在している．

　翌年2017（平成29）年の同調査では，一人で食事を食べることへの意識について，「一人で食べたくないが，食事の時間や場所が合わないため，仕方ない」との回答が35.5％と割合が最も高く，次いで，「一人で食べたくないが，一緒に食べる人がいないため，仕方ない」が31.1％となっている．これら二つの回答の合計は66.6％であり，2016（平成28）年の調査結果と比較して，その内訳の割合に若干の変化はあるものの，総数としてはほぼ同じである．

　これに対し，「一人で食べることが都合がいいため，気にならない」（27.3％），「自分の時間を大切にしたいため，気にならない」（15.4％），「一緒に食べる習慣がないため，気にならない」（12.5％），「食事中に作業をするため，気にならない」（5.2％）のように，一人で食事を食べることについて気にならないという回答をした人が合計60.4％となり，6割を超えている．この割合は2016（平成28）年の調査結果である49.4％と比較して11％も増加していることになる．このことは，他との接点を持たず一人でいることの気楽さや，自由であることへの欲求の現れ，あるいは「ながら食べ」に対して恥の意識や無作法であるといったマイナスイメージを持たない人が増えていること等が要因と推察される．第3章第3節で述べた通り，生活様式が変わると食事作法も変化するが，時代の推移とともに人々の行動や意識，価値観も次第に変化し，生活の中の

「食べること」がなおざりにされる傾向にあるものと考えられる.

　家族と食事を共にすることが重要ではあるが，家庭や個人の努力だけでは難しい状況があることも否めない．一人で食べたくないが，仕方なく孤食になってしまう背景として，世帯構造の変化がある．近年増加傾向にある単独世帯や夫婦のみの世帯，ひとり親世帯といった事情から，誰かと一緒に食事を共にする機会が得られない，あるいは少ない，また食事を通じたコミュニケーションや豊かな食体験が期待しにくい状況も推察される.

　特に，高齢単身世帯，すなわち 65 歳以上の高齢者で，一人暮らしの人の割合が増加しており，2015（平成 27）年の調査によると男性高齢者の 13.3％，女性高齢者の 21.1％が一人暮らしであった．この状況は今後もさらに進み，2040 年には，男性高齢者の 20.8％，女性高齢者の 24.5％が一人暮らしになると推計されている（国立社会保障・人口問題研究所「日本の世帯数の将来推計（2018（平成 30）年推計)」)．孤立した状況に置かれた高齢者の，静かな食卓のイメージが喚起される.

　このように，孤食や個食が増えていることの背景にはさまざまな要因があり，それらに対する人々の意識もまた多様である．いずれにしても，共食の基本的な単位である家族という人的環境は変容の過程にあり，その傾向は今後もさらに続いていくものと思われる.

2.　人にとっての孤食環境と共食環境

　農林水産省の調査結果が示すように，現代の日本では孤食が気にならない人が 6 割を超えている．孤食は，気軽な食事を望む人にとっては貴重なひと時であると思量されるが，日常的に継続されることによって，食事内容，食行動，健康，人間関係などに深刻な問題をもたらすとされている．特に，成長期の子どもや一人暮らしの高齢者にとって孤食が習慣になることは，偏食や欠食の原因となるだけでなく，精神的に不安定になるなど，副次的なさまざまな問題を引き起こすことが指摘されている（足立 2014).

　これに対し，共食はその場に集う人たちにとって，情報交換や相談の場としても機能する．共食が日常的に行われることは人にとって精神面の安心感に加え，生活意欲，食事の質を向上させるなど多岐にわたる効果をもたらす．また，非日常的な共食として誕生日や結婚などに少し贅沢な献立を楽しむことは家族や友人を祝う場となる．地域における行事食は，普段とはちがった人との交流の場となり，地域の連帯を深め，地域の一員としての意識を高めさせる効果があるとされている（平井・岡本 2006 他）．

　徳永ら（2015）は，テレビや携帯電話などから情報を受信しながら一人で自由に食事する孤食環境と，相手と共にコミュニケーションを維持しながら食事する共食環境とでは，食事者の視線や食事行動（食具の把持，摂食など）に違いがあるとしている．孤食環境では，一方的な情報受信となるテレビや携帯電話を受信するか受信しないかの選択を自分本位に決定し，自由に食事を進められることが特徴である．このような状況の中で成長期の子どもが継続的に孤食を行うことは，食事のマナーの未習得だけでなく，周囲に無関心になり，社会のマナーやルール，協調性や人に対する思いやりの気持ちが育たないといったことにもつながると考えられる．

　また高齢者の場合においても，孤食環境はコミュニケーション不足とそれに伴う認知機能の低下や，食欲不振，栄養の偏りによって引き起こされる低栄養の問題とも関連し，介護予防の観点からも望ましくない．

　これに対し共食は，人の行動が統制される環境と解釈することもできるが，それ以上に，社会的行動が創発され，社会性が育まれる場となることのメリットは大きい．また，食事を誰かと共にすることと，健康や良好な食生活に関する近年の国内の研究結果を分析した報告（曾退・衛藤 2015）によれば，誰かと食事を共にする頻度が高い人は，心の健康状態について，「気が散る・根気がないなどの精神的な自覚症状が少ない」，また食生活について，「ファストフードの利用が少ない」，「野菜や果物など健康的な食品の摂取頻度が高い」といった傾向がみられたという．海外の研究結果でも，同様の報告（衛藤・曾退 2015）があり，家族と食事を共にする頻度が高い人は，野菜や果物の摂取量が多いな

ど食物摂取状況が良好であることが指摘されている.

　このように, 食事とは, 単に栄養素を体内にとり込むためだけのものではなく, 人格形成や生活の質（QOL : Quality of life）の向上にも大きく関わっている. 誰かと食卓を囲み, 会話をし, 楽しみながらコミュニケーションを図ることによって心身の健康状態が良好に保たれ, 人と人との絆を深めるとともに, 豊かな心を育むことにつながっていくのである.

3. 国の施策としての食育の推進

（1）　食生活指針および食育基本法の基本理念と推進すべき施策

　2000（平成12）年に文部省, 厚生省（いずれも当時）, 農林水産省から公表された食生活指針（2016年改定）では, 健全な体と心を育むためには, 1日3回の食事を規則正しくとることはもちろん, 食事を楽しむことの重要性がまず初めに示されている. そのための具体的な内容として, 心と体においしい食事を味わって食べること, 家族の団欒や人との交流を大切にすること, 食事作りに参加することなどをあげており, 現代の食生活で減少傾向にある食風景に関する項目が盛り込まれている.

　食をめぐる状況の社会的変化を背景に, 近年, 注目されるようになった食育という言葉は, 明治時代にすでに使用されていた. 石塚左玄は1896（明治29）年に著した『化学的食養長寿論』の中で, 学童を持つ人は, 躰育も智育も才育もすべて食育にあると考えるべきであるとし, 体育, 知育, 才育の基本となるものとして食育の重要性を述べている. また, 民族の伝統的食習慣を軽々しく変えるべきではなく, 地方に先祖代々伝わってきた食生活にはそれぞれ意味があり, その土地の食生活に学ぶべきであるという, 現代の地産地消につながる, 入郷従郷の考えを説くとともに, 食の栄養, 安全, 選び方, 組み合わせ方の知識とそれに基づく食生活が心身ともに健全な人間をつくるという教育, すなわち食育の大切さを説いている.

　石塚左玄が明治の時代に残した食育の思想は, 2005（平成17）年に農林水産

省により制定された食育基本法の礎になったといえる．この法律の前文において，食育は「生きる上での基本であって，知育，徳育及び体育の基礎となるべきもの」，「心身の成長及び人格の形成に大きな影響を及ぼし，生涯にわたって健全な心と身体を培い，豊かな人間性をはぐくんでいく基礎となるもの」とされている．

　また，食育基本法の本文には，食育の基本理念として以下の7項目を設定している.

① 国民の心身の健康の増進と豊かな人間形成を目指す．

② さまざまな体験活動を通じて，国民が食に対する感謝の念や理解を深めることができるようにする．

③ 国民の自発的意思を尊重し，多様な主体の参加と連携による国民運動にする．

④ 保護者や教育関係者の意識向上を図り，子どもが楽しく食を学ぶ取り組みが積極的に推進されるようにする．

⑤ さまざまな分野において食を学ぶ機会が提供され，国民が意欲的に食育の活動を実践できるようにする．

⑥ 伝統ある食文化の継承や環境と調和した食料生産等が図られるよう配慮し，農山漁村の活性化と食料自給率の向上に貢献する．

⑦ 食品の安全性など食に関する幅広い情報を多様な手段で提供し，行政，関係団体，消費者などの意見交換が積極的に行われるようにする．

　これらの理念を総合的かつ計画的に実行するため，国や地方公共団体，教育関係者などの責務のほか，国民の責務についても規定されている．また，国および地方公共団体が実施，推進すべき施策として以下の7項目があげられている.

① 家庭における食育の推進

② 学校，保育所などにおける食育の推進

③ 地域における食生活の改善のための取り組みの推進

④ 食育推進運動の展開

⑤ 生産者と消費者の交流促進，環境と調和のとれた農林漁業の活性化など

⑥ 食文化継承のための活動への支援など

⑦ 食品の安全性，栄養その他食生活に関する調査，研究，情報の提供および国際交流の推進

「① 家庭における食育の推進」の具体的な内容の一つとして，近年問題視されている子どもの欠食，特に朝食の欠食を改善すべく，「子どもの朝食の摂取と早寝早起きなどの生活リズム向上のための普及活動」などがあげられている．また「③ 地域における食生活改善のための取り組みの推進」においては，上述の食生活指針を普及促進させることが推進されている．「⑥ 食文化継承のための活動への支援」としては，親子料理教室での郷土料理の活用や，学校給食への郷土料理の導入などが盛り込まれており，食事作りに参加することによる家族や人との交流の機会を得ると同時に地域の食文化継承の重要性が謳われている．

（2）　食育推進基本計画の重点課題と今後の展望

2005（平成17）年の食育基本法制定ののち，国は同法に基づき食育推進基本計画（2006（平成18）年策定）を作成した．食育基本法の第15条には，政府が毎年，食育の推進に関して行った施策について，国会に報告書を提出することが定められている．初の報告書である食育白書（2005（平成17）年度食育推進施策）では，家族そろって食卓を囲む回数が年々減り，毎日夕食を共にしているのは4世帯に1世帯になるなど，「規則正しい，バランスの取れた，楽しい食事など，望ましい姿の『健全な食生活』が失われつつある」と現代日本の食生活に対する警鐘を鳴らしている．

これ以降，第2次食育推進基本計画（2011（平成23）年策定），そして第3次食育推進基本計画（2016（平成28）年策定）が作成され，子どもから高齢者まで，

生涯を通じた食に関する取組を，国や地方公共団体，教育関係者，農林漁業者，食品関連業者，ボランティアなどが主体的かつ多様に連携・協働しながら推進されている．

　2016（平成28）年度からの5年間を期間とする第3次食育推進基本計画は，2006（平成18）年度から10年にわたり推進されてきた第1次と第2次の基本計画を引き継ぐ一方，若い世代に対する食生活改善の必要性，貧困状況にある子どもの増加など，近年の食をめぐる社会状況の変化に応じた内容となっている．

　10年にわたるさまざまな形での食育推進の結果，家庭，学校，保育所などで食育は着実に進展してきているとされるが，特に若い世代で健全な食生活を心がけている人が少ないことや，高齢者などの単独世帯やひとり親世帯，貧困の状況にある子どもが増加していることから，食育の観点からさらなる積極的な取り組みが求められている．また，食品ロスの増加など環境にも配慮する必要があるなど，残された課題も多い．

　このような状況から，第3次食育推進基本計画では以下の5項目が重点課題として定められた．

　　① 若い世代を中心とした食育の推進
　　② 多様な暮らしに対応した食育の推進
　　③ 健康寿命の延伸につながる食育の推進
　　④ 食の循環や環境を意識した食育の推進
　　⑤ 食文化の継承に向けた食育の推進

　このうち「② 多様な暮らしに対応した食育の推進」では，具体的な施策として妊産婦や乳幼児に関する栄養指導」，高齢者に対する食育推進のはか，貧困の状況にある子どもに対する食育推進も提唱されている．その具体例として「子どもの貧困対策に関する大綱〜全ての子供たちが夢と希望を持って成長していける社会の実現を目指して〜」に基づく食育の推進，ひとり親家庭の子どもの居場所づくりなどをあげている．

　また「③ 健康寿命の延伸につながる食育の推進」では，生活習慣病の予防

改善や減塩の推進，栄養表示の普及啓発などを施策としてあげている．具体的には保健所や保健センターなどで食育に関する普及・啓発活動を進めるとともに，健康診断などに合わせて管理栄養士が栄養指導を行う機会を増やしていくというものである．これらの重点課題に取り組むためには，「子どもから高齢者まで，生涯を通じた取組を推進」かつ「国，地方公共団体，教育関係者，農林漁業者，食品関連事業者，ボランティア等が主体的かつ多様に連携・協働しながら食育の取組を推進」することに十分留意するよう求めている．

　以上のように，国の施策としての食育は，徐々に推進され，それなりの成果をあげてきている．しかし，食を取り巻く社会環境の変化が進行する中で，今後は関係者が多様に連携・協働し，これまでの個々の取組をより一層広げていくことが必要である．時代の進展に並行して生じてきた食生活の歪みを改善すべく，地域が一体となって協力し合う，充実した食育活動の展開が，いま求められている．

4．人がつながる地域の居場所

（1）　新しい団欒の形としての子ども食堂・大人食堂

　孤食の問題は飽食の時代といわれる現代の日本において，その豊かさとは裏腹に浮上してきた問題の一つであるが，単なる個人の問題ではなく，社会的に解決すべき課題としてとらえる必要があると考えられる．

　前述の通り，誰かと一緒に食事をする頻度が高いと，心理面でポジティブな効果があるだけでなく，ファストフードの利用が少なくなり，野菜や果物などの摂取量が多くなることが明らかにされているが（衛藤・會退 2015），こういった効果が得られないことは孤食の弊害といえる．成長期にある子どもにとって，共食によるプラスの影響を受けられないことは，人格形成の面からみても看過できない重大な問題である．

　このようなことから，孤食の解決，子どもと大人たちのつながりや地域コミュニティ連携のための有効な手段として，全国規模で広がりをみせているの

が子ども食堂である.

　子ども食堂は, 子どもやその親, および地域の人々に対し, 無料または数百円程度で栄養のある食事や温かな団欒を提供するための活動として 2012 (平成24) 年頃から始まり, 全国に広がったとされる. 地域のボランティアらが運営し, 場所は福祉センターや飲食店, 公民館などさまざまである. 低所得家庭や, 親の帰りが遅く一人で食事をする子どものための取り組みとして始まったが, 運営形態は多様化し, 高齢者など地域の幅広い世代が交流する場としての役割が強まっている.

　本来, 子ども食堂は, 貧困家庭や孤食の子どもに対し, 食事や安心して過ごすことのできる場所を提供する場所として始められたが, 後には地域のすべての子ども, 親, 地域の大人など, 対象を限定しない食堂も増えている. 大人も参加可能な店では, 母子での参加も多く, 孤立しがちな母親が同世代と交流可能な唯一の場所として, また, 高齢者の多い地域では「一人で家にこもるよりは」と言って来店する人も多いという. このように, 子どものみならず地域の全住民に対して開かれた空間を目指すとの意味で, 店名に子ども食堂の名称を付けず, 大人食堂, みんな食堂, 地域食堂などとするケースもみられる.

　地域で食事を提供する活動は, 日本の歴史上では昭和時代後期に既に存在していた. 1980 年代には核家族化が進み, 介護は家族ではなく社会全体で担うものとの考えが世間に浸透したことで, 一人暮らしの高齢者に会食や配食を提供するボランティア活動が, 日本全国で広く普及し始めていた (室田 2016).

　また, 子どもの居場所や食事の支援への取り組みに関しても, 児童館で孤食や欠食の子どもたちと共に料理をして食べる活動や孤食解消のために食事の場を提供する活動の事例がすでに存在していた. 子ども食堂という名称が用いられたのは, 2012 (平成24) 年に始まった東京都大田区での取り組みが最初と考えられている (豊島子ども WAKUWAKU ネットワーク編 2016 ; 玉居子 2016).

　日本各地に存在している子ども食堂の総数について, 2019 (令和元) 年6月26日, 民間団体の全国こども食堂支援センター・むすびえの発表によれば, 日本全国に少なくとも 3718 カ所あることがわかったとしている. 実質的に子

ども食堂と同じ機能を提供しているにもかかわらず「子ども食堂」と名乗っていないケースもあるため，実際の総数は不明であるが（小嶋 2016），2018（平成30）年調査の 2286 カ所と比較して，約 1.6 倍と過去を上回るペースで増加している．年間の利用者は推計で延べ 160 万人にのぼっており，食堂数が最も多いのは，東京都の 488 カ所で，次いで大阪府（336 カ所），神奈川県（253 カ所）となっている．一方，最も少なかったのは，秋田県（11 カ所），富山県（15 カ所），山梨県（16 カ所）となっている．

　また，小学校区に対するこども食堂の充足率は，沖縄県（60.5%），次いで滋賀県（52.5%），鳥取県（35.2%）が上位となった．一方，充足率が低いのは，秋田県（5.5%），青森県（5.6%），長崎県（7.0%）であった．充足率 50% 超が 2 県，25% 超が 6 都府県（東京，鳥取，神奈川，京都，大阪，高知）となり，10% 超が上記 8 都府県含めて 36 都道府県となった．2018 年段階で 10 県あった 5% 未満はなくなり，すべての子や地域住民がアクセスできる地域共生社会のインフラに近づいてきたといえる．

　社会的な活動としての子ども食堂は，利用する人たちに栄養バランスの取れた食事を提供するだけでなく，多くの人と交流しながら，居場所・団欒の場と

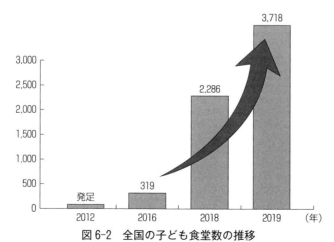

図 6-2　全国の子ども食堂数の推移
出典：全国子ども食堂支援センター・むすびえの 2019 年 6 月 26 日発表による．

しての役割も期待される．居場所による支援は，子どもの学習理解度や対人関係，自己効力感[2]の形成などに効果があり，保護者と子どもの関係においても前向きな変化が見られることが明らかになっている．多世代の人々が共に食事をすることによって，同世代同士だけでなく，子どもと大人たちとの交流や情報交換が増えて地域のネットワーク形成に繋がることや，子どもたちの来店を通じて，子どもの貧困の実態を地域住民たちが認識するなどの副次的な効果も生まれている（湯山 2017；浅井 2017）．

（2） 共生社会における共食の役割

　農林水産省が 2016（平成 28）年に 20〜70 歳代の男女 1874 人を対象に実施した調査によれば，地域などでの共食に対する意識について，地域や所属コミュニティで食事会などに参加したいかという問いに対し，「そう思う」と回答した人は 45.2％と約半数に及び，特に女性でその割合が高い状況にある．好むと好まざるとにかかわらず孤食が多い実態の中で，誰かと一緒に食事をすることへのニーズの存在が読みとれる一方，「そう思わない」と回答した人が 33.1％いる．年代別の内訳は不明だが，この中に高齢者も相当数含まれているとすれば，高齢単身世帯は今後も増加していくと推計されているため，かねてから懸念されている高齢者の孤立や食生活の問題は一層深刻なものとなっていくと予想される．

　谷（2017）は，日本の高齢者を対象に孤食と死亡との関連について調査し，年齢，身体的健康状態，教育歴，経済状況の影響を取り除いて解析した結果，男性では「（配偶者，子ども，孫，友人，その他のいずれかと）同居で共食」の人に比べて「同居で孤食」の人の死亡リスクが 1.5 倍，「独居で孤食」の人の死亡リスクが 1.2 倍であったと報告している．このことから，高齢者の健康維持のためには，家族や友人，近隣の人たちを巻き込んで共食を推奨することや，自治体で会食やコミュニティレストランを開催するなど，誰かと一緒に食事をする機会を提供することが効果的であるとしている．

　自宅で生活する高齢者への食事支援の重要性が高まり，これに対応する形で

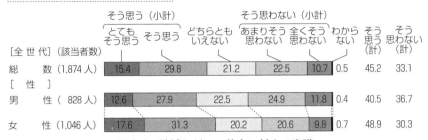

図 6-3　地域などでの共食に対する意識

出典：農林水産省「食育に関する意識調査」2016（平成28）年11月実施.

配食サービスの拡大・普及が進んでいるが，高齢者にとっては外出して多くの人と交流するという行動に，QOL 向上に向けた大きな効果が期待される．高齢者が気軽に集える場があり，共食の機会が提供されることは，超高齢社会がますます進行する日本において殊更に重要な意義があるといえる．

　こういった状況の中で，東京都豊島区の「フレイル対策センターいーとこ」では，高齢者に夕食を提供する大人食堂を開催している．センターには区の中高生活動拠点があり，中学生もボランティアで手伝う．関係者は，「孤食予防で始めたが，子ども食堂とも連携して，食を通じて多様な世代が集える場にしたい」という．このような高齢者が仲間たちと食卓を囲むサロン活動は，全国各地で広まりつつある．

　子どもの健全な育成のために，また高齢者などの孤立を防止し，共生社会を実現するために，地域において今後も引き続き求められる居場所・団欒は，共食を契機として作られる新しいコミュニティの形といえる．

5．心の居場所としての食卓とコミュニティ

（1）　共に食することは共にあることを実感しあうこと

　子ども食堂，大人食堂の存在は，時代の進展に並行して生じてきた食生活の歪みを改善すべく，地域が一体となって協力し合う食の活動としてその意義は

大きい．共食は食事の質の向上や人との交流，精神面での安心感，生活意欲の回復などの効果をもたらすことから，誰かと一緒に食事を共にする機会が得られない，あるいは少ない，また食事を通じたコミュニケーションの機会に乏しい人々が，支援や居場所を求めるケースは少なくない．

「おむすびの祈り」で知られる佐藤初女（1921-2016）は，1992（平成4）年，青森県弘前市の岩木山山麓で，悩みや問題を抱えた人々に向き合い，心の痛みを分かち合う癒しの場として「森のイスキア」を開設した．イスキアという名称は，イタリア西南部のナポリ湾の西に浮かぶイスキア島に由来する．ナポリの富豪の息子で，何不自由ない暮らしをしていた青年がこの島を訪れ，贅沢三昧の生活から，自分を静かに振り返ることを学んだという．

佐藤は，迷い，疲れ，救いを求めて訪ねてくる人々に温かい食事を供し，寄り添うことで多くの人々の再生の力になってきた．彼女の作るおむすびは，「握る」のではなく，掌の中で飯粒の一つひとつを「結ぶ」のであり，こうしてできたおむすびを食べることで，人と人との心を結ぶのだという．このおむすびを食べたことをきっかけに，自殺を思いとどまった人もいるというエピソードが伝説として伝えられている．

森のイスキアでは，特別なご馳走ではなく，素材の味をそのままに頂くことを大切にした，心のこもった素朴な料理を，円い円卓を囲んでお互いの表情を見ながら食事をする．共に食することは共にあることを実感しあうことであり，共に食べることによって，深い絆が結ばれていく．食べ物ほど，人の心をストレートに伝えるものはなく，美味しいものを食べる喜びを共に感じることが大切であり，食べることは人と人とのかかわりを味わうことでもあるという（佐藤 2000）．

「同じ釜の飯を食った仲間」ということばで表現されるように，人間の集団は食を共にすることによって連帯を深め，集団が強化される．また，そのことによって安心感を得ることができる．食事はコミュニケーションの手段でもあり，個人にとっては，食事を共にすることを通じて，集団に対する帰属感を確認すること，集団の中でのアイデンティティーを求めているのである．食事を

分かち合うことは心を分かち合うことでもある（佐藤 2009）.

（2）　これからの食文化に求められるもの

　食べることは人が生命を維持するための基本的な営みである. 食事をとることにより, 空腹を満たすだけでなく, 健康を保ち, 家族や友人とのコミュニケーションを図り, 生活に癒しや潤いをもたらすことができる. このように, 人と食物とのかかわりを考えるとき, 食べることのもとをたどると, 人が生命の循環の中で生かされているということを改めて認識することができる. 第Ⅰ部第3章でも触れたが, 食は人々の暮らしや思いと密接なかかわりをもち, さまざまな文化を形成, 発展させてきた. 太古より行われている神人共食に象徴されるように, 自然・神からの加護をうけ, 食物を享受できることへの感謝の気持ちを忘れてはならないであろう. しかし, 現代では, 食材が調理され, 食卓に上って料理となるまでのプロセスにかかわる機会も少なくなっており, そのことを実感できる機会もまた得ることが難しくなっている.

　食生活指針, 食育基本法の中にも食事作りに参加することの重要性が謳われているが, 共同で調理するということについて, 田中（1987）は, アフリカの狩猟採集民族の社会を例にあげ, 食物材料の獲得から調理を経て消費にいたる場を共有し, 体験を共有することこそが, その社会での平等主義を根底で支える屋台骨となっているとしている. 煮炊きをして, 周囲においしそうな匂いが漂ったり, 臼で搗くリズミカルな心地よい音が聞こえてきたりすると, 人々は無意識のうちにも調理の場に引き寄せられ, 歓談の輪が広がる. 焚火を絶やさないように誰かが枯れ木を拾ってきてくべると, 他のものは鍋の水加減を調べてかきまわす. また別の一人が薬缶から水を注ぎ入れる. 臼と杵を少し離れた家の中から借り出して持ってくる人もいる. 鍋の中味が煮える頃になると, これを臼に移し替え, 搗きくずして最後の仕上げにとりかかる.

　鍋を囲んで座り込んだ人々は, さまざまな話題に花を咲かせながら, 一連の作業を気軽に手伝い合う. 一人でも簡単にできるような, ほんのわずかばかりの野草の調理など, 特に誰かの手助けを必要とするものではないにもかかわら

ずこのような工程を経る．彼らの助け合いと分かち合いは，共同や分配などといった社会経済的実用の範囲を超えた過剰なまでの関わり合いともいえるが，このような相互交渉の積み重ねによって，人の食事は築きあげられてきたということができる．

　こうしてできた食事を，複数の人と共に食べることも人間に特有の行為である．チンパンジーにも共食の萌芽はみられるが，チンパンジーにおいては食物を分配することを軸として，群れの中に特定の集団を形成することはないようであり，普段の摂食行動においては個体単位に食べているという（伊谷 1980）．したがって，共食とはやはり人間段階になってから，特徴的な行動としてあらわれるものであるといえる．

　人間は共食をする動物であり，その共食をする人間のもっとも基本的な単位，個人にとって常に食を分かち合う仲間とされるのは家族であることは第3章でも述べた通りである（石毛 1982）．しかし，家庭内で食材を調理して料理となり，その料理を家族で共食するという場面が，各家庭に必然のものではなくなってしまった現代の日本においては，家族という枠を超えた，新しいコミュニティのあり方が求められているといえる．

おわりに

　現代の日本において，家庭や地域社会の人と人とをつなぐ力，コミュニティの力は弱体化しつつある．少子化と高齢化の進行を背景として家族規模が縮小し，同居する家族の数が減り，増加する一人暮らしの人々の多くが地域との接点を失いつつある．国際比較調査によると，日本人の社会的孤立度の高さは世界有数である（筧 2011）．

　かつてそのコミュニティの中にあった共食は，心の居場所としての食卓となり，多様な状況に置かれた現代の人々を支援し，癒しを共有するためのツールとして機能し始めている．この潮流は今後も発展的に継続し，共食を契機とした新しい形のコミュニティが創生されていく可能性がある．それらを含めた食

事環境のあり方，食物に対する価値観，食に対する人々のふるまい方といったものが，その時代を象徴する一つの食事文化として，また新たな歴史の流れを作っていくのであろう．

注

1）「地域共生社会」は，2016（平成 28）年に閣議決定され，厚生労働省等が推進する地域全体の支援体制のことをいう．日本では超高齢化が進行，少子化・多死化により人口も減少しつつあり，同時に，地域・家庭・職場という生活領域における支え合いの基盤も弱まってきている．老々世帯，単独世帯のみならず，地域から孤立し，必要な社会的資源につながっていない人も少なくない．

　「地域共生社会」とは，このような社会構造や暮らしの変化に応じて，制度・分野ごとの『縦割り』や「支え手」「受け手」という関係を超えて，地域住民や地域の多様な主体が参画し，人と人，人と資源が世代や分野を超えつながることで，住民一人ひとりの暮らしと生きがい，地域をともに創っていく社会を目指すというものである．

2）　自己効力感とは，セルフ・エフィカシー（self-efficacy）ともいい，自分がある状況において必要な行動をうまく遂行できると，自分の可能性を認知していることをいう（成田ら 1995）．カナダ人心理学者アルバート・バンデューラによって提唱された．

引用・参考文献

會退友美・衛藤久美（2015）「共食行動と健康・栄養状態ならびに食物・栄養摂取との関連——国内文献データベースとハンドサーチを用いた文献レビュー——」『日本健康教育学会誌』23(4)，279-289.

浅井春夫（2017）『子どもの貧困　解決への道 実践と政策からのアプローチ』自治体研究社，pp. 125-138.

足立己幸（2014）「共食がなぜ注目されているか——40 年間の共食・孤食研究と実践から」『名古屋学芸大学健康・栄養研究所年報』(6)特別号，43-56.

石毛直道（1982）「食事の文明論」中央公論社（中公新書）.

伊谷純一郎（1980）「霊長類の食」石毛直道編『食の文化のシンポジウム '80 人間・たべもの・文化』平凡社.

衛藤久美・會退友美（2015）「家族との共食行動と健康・栄養状態ならびに食物・栄養素摂取との関連——海外文献データベースを用いた文献レビュー——」『日本健康教育学会誌』23(2)，71-86.

筧裕介監修（2011）『地域を変えるデザイン』英治出版.

加山弾監修（2017）『理解しよう，参加しよう福祉とボランティア』3，岩崎書店，pp. 24-25.

川村佐和子・後藤真澄ほか（2009）『自立に向けた食事・調理・睡眠・排泄の支援と終末期の支援／生活支援技術4』建帛社.

小嶋新（2016）「子どもの貧困に対する子ども食堂のアプローチの視点」『賃金と社会保障』第1672号，賃社編集室，45-51.

佐藤初女（2000）『こころ咲かせて』サンマーク出版.

佐藤初女（2009）『初女さんからいのちの贈りもの』主婦の友社.

田中二郎（1987）「狩猟採集民の食」豊川裕之・石毛直道編『食とからだ』ドメス出版.

谷友香子（2017）「高齢者の孤食と死亡との関連」一般社団法人日本老年学的評価研究機構.

玉居子泰子（2016）「地域をつなげるこども食堂」『東京人』31(5)，都市出版，116-123.

東京新聞「高齢者の孤立予防へ『おとな食堂』NPOが豊島で初開催」（2019.6.21）.

豊島子ども WAKUWAKU ネットワーク編（2016）『子ども食堂をつくろう！　人がつながる地域の居場所づくり』明石書店，pp. 122-124.

徳永弘子・庄司優ほか（2015）「孤食と共食における人の食事行動の仕組み」日本認知科学会第32回大会，680-687.

成田健一・下仲順子・中里克治・河合千恵子・佐藤眞一・長田由紀子（1995）「特性的自己効力感尺度の検討——生涯発達的利用の可能性を探る——」『教育心理学研究』43(3)，306-314.

平井滋野・岡本祐子（2006）「家庭における過去の食事場面と大学生の父親および母親との心理的結合性の関連」『日本家政学会誌』57(2)，71-79.

室田信一（2016）「子どもの孤独感を埋めるみんなの居場所」『児童心理』70(19)，金子書房，89-93.

森脇弘子・岸田典子他（2007）「女子学生の健康状況・生活習慣・食生活と小学生時の食事中の楽しい会話との関連」『日本家政学会誌』58(6)，327-336.

山崎亮（2012）『コミュニティデザインの時代』中央公論新社（中公新書）.

山崎亮（2011）『コミュニティデザイン——人がつながるしくみをつくる——』学芸出版.

web サイト

NPO法人 全国子ども食堂支援センター　むすびえ〈https://musubie.org/news/993/〉（2019年8月8日閲覧）

厚生労働省，地域共生社会の実現に向けて〈https://www.mhlw.go.jp/stf/seisakunitsuite/bunya/0000184346.html〉（2019年8月28日閲覧）

内閣府，子どもの貧困対策に関する大綱について（2014）〈www8.cao.go.jp/kodomonohinkon/pdf/taikou.pdf〉（2019年8月8日閲覧）

農林水産省，食育基本法〈http://www.maff.go.jp/j/syokuiku/wpaper/h28/h28_h/book/part0/b0_c0_0_01.html〉（2018年4月4日閲覧）

農林水産省，食育推進基本計画（2006）〈http://warp.da.ndl.go.jp./info:ndljp/pid/9929094/

www8.cao.go.jp/syokuikusuishin/kihonkeikaku.hyml〉（2018 年 4 月 4 日閲覧）

農林水産省，第 2 次食育推進基本計画（2011）〈http://warp.da.ndl.go.jp./info:ndljp/pid/99
　29094/www8.cao.go.jp/syokuiku/about/plan/pdf/2kihonkeikaku.pdf〉（2018 年 4 月 4
　日閲覧）

農林水産省，第 3 次食育推進基本計画（2016）〈http://warp.da.ndl.go.jp./info:ndljp/pid/99
　29094/www8.cao.go.jp/syokuiku/about/plan/pdf/3kihonkeikaku.pdf〉（2018 年 4 月 4
　日閲覧）

福井市 HP「石塚左玄の紹介/日本で初めて『食育』を提唱した人」〈https://www.city.fu
　kui.lg.jp/sigoto/nourin/syokuiku/isidukasagen.html〉（2019 年 8 月 7 日閲覧）

文部科学省，厚生労働省，農林水産省，食生活指針の解説要領（2016）〈http://www.
　maff.go.jp/j/syokuiku/pdf/yoryo.pdf〉（2018 年 12 月 28 日閲覧）

第 7 章　無形文化の現在
──青森県における民俗芸能の現場から──

は じ め に

　第4章では，地域社会において，人々の日常のなかで受け継がれてきた無形文化について，青森県での事例を紹介した．

　これらの文化は，現在では，その多くが行政によって「文化財」として指定されており，その指定の保持団体も「保存会」を名乗っている場合が大半である．

　その背景としては，高度経済成長期における地域社会の構造的変化にともない，地域住民の働き方や，生活様式，価値観などが変容してゆくなかで，民俗芸能や年中行事の存在意義が失われていったこと，あるいは，担い手の側においても，それまでの若者組や青年団のような組織が弱体化し，新たに，保存活動を専門とする団体を結成する必要に迫られたことなどが挙げられる．これにより，昭和30年代から40年代あたりにかけて，「保存会への移行」（俵木2007）が全国的に展開されていった．

　地域に伝わる民俗芸能や年中行事といったものは，かつては人々の日常のなかでくり返し行われる自明の存在であった．しかしながら，現代社会において，これらは「保存」されるべき，「伝統」的な文化として認識されるようになった．

　地域における固有の伝統性を強調された無形文化は，観光や地域振興において「活用」されるべき「資源」としても，その価値を見出されている．しかしながら，これについては，「民俗文化を過去憧憬的に政治資源化している現象」，

「「ふるさと」や民俗文化を賛美し，商品化する傾向」（岩本 2007）といったように，「資源」化による，地域文化の「収奪」や「消費」の問題も指摘されている．

　民俗芸能や年中行事は，元来それ自体が，「見る者」と「見られる者」の分離が進んだ祭礼としての性格を備えているが，現代的な傾向としては，文化財（あるいは，近年ではユネスコの無形文化遺産）としての権威性が付与されているという点が，一つの傾向として挙げられる．

　民俗芸能が文化財であることは観光の資源としての価値を高めるだけでなく，伝承者にとっても自分たちの芸能の価値を，現代社会のなかで権威づけるものにもなった．

　現在，これらの文化の多くは，後継者不足により，存続の危機に瀕している．地域のコミュニティでは，働き方や人付き合いのあり方が変容し，人々のつながりが希薄になりつつあるだけでなく，地域社会を構成する人口そのものが減少している．

　地域社会がこのような課題に直面しているなか，人間的な結束や社会的な文脈によって支えられてきた地域の無形文化は，今後いかにして維持されてゆくのであろうか．

　本章では，民俗芸能が地域の中で，現在，どのようにして維持，あるいは実践されているかについて，先の事例の中から，剣舞踊りと獅子踊りを題材にして検討したい．

1．地域住民によって支えられる民俗芸能
―― 上原子剣舞踊り（青森県上北郡七戸町）――

　上原子地区において，剣舞踊りに携わる人々と接するなかで，筆者は次のような話を耳にした．それは，「剣舞は地元の皆さんの協力で成り立っている」（60 代男性），「剣舞は村のものなので，踊ることで剣舞に協力しようと思った」（60 代女性）というものである．

　筆者はこのときなぜか「協力」という言葉に関心を抱いた．剣舞にかかわる人々の話を聞いているうちに，これは単に剣舞に対して周辺的な立場から何かしらの手助けをする，という話として看過できるものではないことを感じたのである．

　ここでは「協力」というキーワードを通して，剣舞踊りが地域の人々によってどのように支えられているかについて見てゆきたい．

（1）　剣舞踊りに対する人々の思い

　剣舞踊りに対する地域の人々のかかわり方について見ていく前に，地域の人々が地元の剣舞踊りに対しどのような想いを抱いているのかについて触れておきたい．

　筆者が行った聴き取りや，その後の練習会の場などで聞かれた発言は大別して「剣舞に魅力を感じているもの」と，「剣舞の存在意義を訴えるもの」とに分類できる．

　前者では，「踊ることそのものが好きだ」という意識に加えて，「剣舞に参加することで各地を回った」という楽しい思い出，さらには，かつての勇壮な姿を思い出して語られる話などがあった．後者では，「剣舞を今後も残したい」という通時的な意識と，「剣舞を介することで地域の人々の繋がりが強まる」という共時的な意識の両面がうかがえた．

　この他にも，剣舞の踊りに対して魅力を感じている声も聞かれた．その一部を以下に記す．

　現在は踊り手を引退し，着付けや反省会の支度などを手伝っている80代の女性によると「剣舞は本来男性だけで踊るものだが，それは迫力があって凄いものだ．良い踊りだ」という．

　現在も剣舞を踊っているという60代の女性は，「剣舞を踊ることは楽しい」と話している．彼女は自身が剣舞を踊ることになったきっかけについて，当時剣舞の踊り手の減少が問題になっていたことをあげながら「剣舞は村のものなので，踊ることで剣舞に協力しようと思った」と述べている．

　かつて夫と共に剣舞を踊っていたという 70 代の女性は「かつては，イベントや芸能発表会などで各地に踊りに行ったものだ」と楽しそうに話した．

　子どもの頃剣舞踊りに参加していたという 20 代の女性は「現在は参加していないが，自分が子どもの頃参加して面白かったので，将来，子どもができたら剣舞をさせてみたい」という．

　60 年以上剣舞踊りに関わっている「大師匠」のＮ・Ｓ氏（前述：第 4 章 2.（2）(ii)）は練習会において，上機嫌な顔で筆者に向かい「ナンボ具合悪くても剣舞の笛聴けば治る．八戸の病院よりもききめいい．剣舞キチガイ（調査データとして，証言通りに記載）」と笑いながら話していた．

　この他の声としては，剣舞の存在意義を訴えるものがあった．

　保存会会長（60 代男性）は「剣舞は先祖からの歴史ある地域の文化なので，今後も残していきたい」と話す．

　また，長年剣舞の太鼓を踊ってきた 40 代の男性は「地域の人々の交流や支え合いの場として，今はこの剣舞くらいしか無くなってしまった」と話し，剣舞を通して地域の人々の交流が強化されるのではないかと考えているという．

　保存会会長も「剣舞の保存会は人々の支え合いによって成り立っている」と話す．

　約 20 年間もの間，剣舞の映像を記録撮影してきた男性（Ｋ・Ｍ氏）は地域のなかで人々が交流や支え合いをする場が少なくなってきていることを指摘し，そういう意味でも「剣舞は大事な場になっている」と話している．

　「大師匠」の一人であるＮ・Ｓ氏によると「剣舞のなかには世代間の繋がりがある．剣舞があれば教える，聞くという．関係で交流がある」「剣舞を通して，踊り以外の交流もある」という．

　その他には，「剣舞があることで，ワラジ作りなど関係する技能も残されていく」（女性・70 代）という声も聞かれた．

（2）　剣舞に対する地域住民の関わり方

　上原子の剣舞踊りに対する地域の人々の関わり方は大別して，① 剣舞の踊

りを習得し踊りに加わる，すなわち芸能の継承者として参加する，というもの
と，②保存会の活動を周辺的な立場から支援する，というような二つの手段
に分けられる．

(i)芸能の継承者としての参加

　上原子剣舞踊りは現在その門戸を地区の全員に対して開いており，地域の
人々は剣舞を踊りたいという意思があれば誰でも踊りを習い参加することがで
きる．先述の通り，踊り手の女性からは「踊ることで剣舞に協力している」と
いう声も聞かれた．踊りの指導が受けられる機会は，基本的に出演の日の前の
二週間ほどの期間である．かつて踊りを覚えるために自宅の庭で練習した女性
（60代）や，半年をかけてようやく踊りを覚えたという女性（70代）もいた．

　平成元年から始まった女性たちの本格的な参入も，女性が剣舞の踊りを覚え
ることで自分たちの村の剣舞を残していくという取り組みであった．そこには，
保存会に「入会する」というよりも「踊ることで剣舞に協力する」という意識
があった．

(ii)保存会活動の支援

　支援の手段としては御花代の献上，反省会への飲み物や料理の差し入れ，引
退した年配者による踊りの指導，公演時の衣裳の着付け手伝い，現場監督や，
公演の鑑賞，公演のビデオ撮影と編集，などが行われている．かつて踊ってい
た人たちが引退し，現在は着付けや反省会の準備，世話役などを手伝うケース
も多い．

　ａ．花代の献上

　花代は多くの場合，練習会の期間中に集会所に持ってくるという（1世帯当
たり毎年3000円程度）．

　b．差し入れ

　連日行われる練習会では，毎晩反省会が開かれる．練習は9時ごろに終了し，その後1時間から2時間ほどの談話の場が設けられる．練習会の参加者が飲み物や漬物などを持参することもあるが，それ以外にも地域の人々が料理や飲み物を差し入れすることがある．

　c．「大師匠」たちによる指導

　練習会の後半では，現役を引退した「大師匠」たちによる指導が行われる．

　大師匠たちは練習会の時間に合わせて上原子集会所を訪れ，踊り手たちに細やかな指導を行う．踊りの技法については，腰を落とした基本の姿勢から，足の運びや手つき，目線の位置や掛け声のかけ方に至るまで，大師匠自身による身振りや実演を交えながら，各踊り手一人ひとりに対して熱心な指導が行われる．

　たとえば太鼓の踊り手に対しては，腰を沈めた体勢から身体を反転させ同時に腕を大きく振り上げるという一連の所作や，片側の脚に重心をかけたまま姿勢を維持する所作についてなどの指導が丁寧に行われる．

　踊り手は大師匠の身振りを模倣しながら，動作を確かめ理解する．学習者が教授者の動きを見て，身体の動きを同調させるようにして動きの理解に努めるような場面が随所に見られた．

　その他，太刀（薙刀）の踊りでは，持ち方や振り上げ・振りおろしの際の姿勢などについての指導が行われる．

　以下，踊りの教授・学習の様態について，筆者自身の参与観察における体験に基づきながら，具体例を記す．

　大師匠の一人であるN・K氏は太刀の振り下ろし方について，その持ち方から振り下ろす際の身体の使い方や，姿勢のとり方などを実演して見せる．

　彼は言葉による詳細な説明をせず，学習者が彼の方に注意を向けたころを見計らって，自ら見本の動きをしっかりと行って見せていた．

　N・K氏はまた，厳しいまなざしを踊り手たちに向けながら，自らも手や目

線の動かし方について実演を交えて指導し「踊りなのだから，手先をスッと，目線も大切だ」と話す．

　このとき，参与観察をしていた筆者に対しても「固くなるな，踊りなのだから，ヒョイッといけ」と話しながら，身軽な身のこなしで身体のさばき方を何度も実演して示した．次第にそれは単なる動作の説明にとどまらず，「たらすかちゃんの，ちゃん」と口ずさみながら行われ，自らも身体を動かすことを楽しんでいるようであった．

　各種の演目に共通して指摘された点は腰を落とした姿勢を維持することの重要性と，掛け声の際に皆で声を出していくこと，などであった．

　筆者自身，踊りの学習において最も困難を極めたのが棒を回転させる技である．これは中腰の姿勢で左腕を上方に掲げて棒の中心を持ち，もう一方の右手で棒を回転させながら，身体を前方へ進めるという所作で，棒が左手の各指の間を順に移動していくようにしなければならない．

　その後，筆者はついに棒を回転させられるようになった．練習会参加の最終日にはN・K氏自ら棒を回す技を筆者に向けて再び実演し，こちらを指さしながら「これな，回すのな，覚えたから，上手になったから」と話した．

　このやりとりは，教え伝えるものと，教えを受ける者の間でしか体験することの出来ない「感覚を共有した」という喜びをともなうひと時であった．

　大師匠の指導で印象的だった点は，彼ら自身，剣舞を熱烈に愛好しているという点であった．

　彼らは単に形としての所作の行い方を伝えているのではなく，どのようにしたら太鼓の演奏と見栄えのする所作の両立が出来るのか，どの部分が良いところであり大切とされるべき部分なのか，というように，それぞれの師匠が抱いている剣舞の「良い部分」を伝えようとするこだわりが随所に見られた．

　彼らの姿からは，単なる剣舞の技術的な「指導」というよりは，身体を皆で動かし，身体的な実感を伴いながら剣舞の良さ面白さを理解できる人間を増やしたい，共にその良さを共感できるようになってもらいたい，というような意識がうかがえた．

d．着付けの手伝い

　剣舞踊りの公演時には会場にて衣裳の着装が行われ，それぞれの踊り手に着付けを手伝う人がついた．

　また，衣裳だけでなく，太鼓を着装する際なども手伝いが必要になる．タスキをかけてそこに襦袢の袖を止めておく作業や太鼓の帯を背中で交差させて結ぶというような作業は，演者の独力では困難なためである．

　筆者の場合は着装に慣れていないこともあり，3人がかりで着付けが行われた．着付けは，筆者の体格や姿勢などを随時観察しながら行われた．前掛けの紐を腰にまわす際などは，骨盤の上部の位置の確認や紐を回す位置の調整が行われた．

　着付けを完了する際に留意されたことは，踊っている最中に着崩れないようにしっかりと着付けることと，袖が偏ったり，タスキの処理が不完全なことがないように，着付けを正確に行うことで踊り手の姿をより良いものにする，という点であった．

　それは，これから踊りの舞台へと向かおうとする筆者に対して丁寧に手をかけて下さっている人々の想いを身にまとっているような体験であった．

　着付けを行う場は，着付けの知識や方法などを伝え合う機会にもなっていた．筆者の着付けでは，3人の女性によって同時に行われていたが，その際に「前掛けのひもは左回りによじる」など，紐や帯の結び方，ピンを止める位置などについて互いに随時確認や説明が行われていた．

e．現場監督，世話役

　公演時，踊りに参加しない大師匠は剣舞の旗を持つ役割や，打ち合わせ，現場監督を担う世話人の役割を果たしていた．踊り手と共に舞台の上に上がり，演舞の様子を見ながら，時折，立ち位置や進行についての指示を出す場面も見られた．

f．公演のビデオ記録作成

公演の会場では，K・M氏（男性）が三脚を使用したビデオ撮影を行っていた．彼は公演終了後，直ちに映像を編集しその日の夕方に開催される反省会にDVDを持参し，皆で鑑賞できるように準備していた．

同氏は家族が剣舞に参加するようになったのをきっかけに，自分でも何か保存会の活動に協力したいと考えるようになり，以来，約20年間の間，剣舞の公演を撮り続けているという．

このような剣舞のビデオ記録の取り組みは単に映像記録の作成としてだけではない意味がある．それは，人々がビデオを見ることによって，剣舞の鑑賞を仮想的に体験することができ，それによって剣舞に関する共同的な記憶の再生が行われるという点である．

g．地元での反省会

保存会では，公演から戻ってきたときには地元の人々へのお礼と報告を兼ねて反省会を毎回開いている．

反省会の場では食事が振る舞われ，その日の舞台を撮影した映像が再生される．食事が進みアルコールが回ってくるにつれて，その日の舞台での見どころや失敗談などが語られる．

（3）　民俗芸能を支える多様な手法・連携

上原子の人々の，剣舞踊りへの関わり方には，多様な手法が見られ，「花代」や「差し入れ」を渡すといった周縁的な部分での間接的な手法もあれば，自らが踊り手になるという直接的かつ中心的な手法もあった．

たとえば，すでに現役を引退した「大師匠」たちは，先述したように，後継者の育成に真剣に取り組んでいた．

彼らは，自ら学習者の眼前で身体を動かしながら，動きの良し悪しや重要部分について教授していた．ここでは，身振りや技法の実演など，言語だけでは伝えられない部分の教授・学習が多く行われていた．「大師匠」たち自身，剣

舞を熱烈に愛好しており，指導として手本の動きを示しながら，それだけにとどまらず，次第に自身の行為に陶酔していく場面も見られた．

　差し入れをする・それを受け取り食すといった飲食物の贈与，あるいは交換の場面では，「〇〇さんの差し入れ」「いただきます」というように，差し入れをしてくれた人を想いながら，その飲食物を体内に取り込むという行為が共同で行われていた．

　着付けという行為は，衣裳を踊り手の身体に着装させる・してもらうという体験であった．着付けをする人は，踊り手の姿をより良いものにしようと，丁寧に手をかけていく．踊り手は衣裳と共に着付ける人の想いをも身にまとう体験ともいえる．

　反省会にて，共に同じものを食し，体験や話題を共有・共感しながら語り合うという場面では，食の行動を共にし，互いに同じものを体内に取り込むことにより，連帯感が濃厚になっていく．

　撮影された映像を鑑賞しながら剣舞踊りという共通の話題について語り合う体験は，この芸能に対する認識をさらに深めたり，かつての上演の様子を共同的に想起して記憶を共有したりする機会になっている．

　以上，見てきたように，地域に伝わる剣舞へ「協力」する人々の間では，理屈ではなく行為や行動を通して，お互いに身体を通して感じ合うことにより，共感や理解を深め，連帯感を強めていくようなやりとりが多様に行われているが，このような行為は人々の間で必ずしも意識化されているわけではなかった．

　自分たちの行為や活動の意味や理由について考えるというよりも，「剣舞は村のもの」であることが前提であり「皆で協力」することが半ば「当たり前」のものでもあった．

　「剣舞踊を皆で踊る」，「花代や差し入れをする」，「着付けを手伝う」，「反省会をして皆で飲み，語り合う」といった上原子の剣舞踊りが有する一連の慣習は，人々が身体を介して感応し合う関係の場を生み出しており，人々が互いに関わり合い，支え合いながらお互いのつながりを維持していくための仕組みとしても機能している．

　当然のことながら，芸能は生身の人間が互いに関わり合いを持ちながら行い伝えてゆくものであり，決して物体のような固定的かつ不変的な存在ではない．芸能の実践という営みは，人間同士が織りなす他者との関係性によって支えられており，同時に，その活動によって集団の関係性が生成されてゆくのである．

　本章において見てきた人々の「協力」すなわち，人々の芸能への「かかわり方」（方法）には，「花代」や「差し入れ」のような贈与，交換といった手法，あるいは「芸能（技能）の教授／学習」すなわち伝承という手法，また「衣裳の着付け」といった他者へ手をかけるという手法，演者たちの身の回りの世話をするという手法，反省会での共食という手法，さらには芸能にまつわる記憶を共有し合うという手法などがあった．

　これらの一つひとつの関わり方は，この地の芸能を支えてゆくために，地域の人々によって繰り返し行われ，慣習化されてきたものであり，芸能を伝えることを目的として実践されてきた一定の形式を有する行為・行動のあり方である．

　人々は相互に関わりあいながら，これらの慣習を実践し，これによって剣舞踊りに必要な技術や知識を集団内で共有・保持している．

　見方を変えるならば，人々は互いに連携することにより，上原子の剣舞踊りという文化的な事象を発生させており，これとともに，芸能にまつわる集団の関係性も再構築されているといえよう．

2. 多様な地域活動を展開する民俗芸能の担い手たち
——鳥井野獅子踊（青森県弘前市）——

　第4章で述べたように，鳥井野獅子踊りを継承する団体は1955年あたりから約16年間休止状態にあり，その後，有志によって復興が果たされ，現在では公民館組織と連携しながら保存会として活動を継続している．

　獅子踊りの保存会というと，獅子踊りの伝承活動に専念しているようなイメージを与えがちである．しかしながら，この団体については，そうではなく，

獅子踊りの伝承活動を中心としながら，会員たちがさまざまな地域活動を展開
している．ここでは，その一端を紹介する．

（1）　手作りのコンサート企画

　鳥井野獅子踊保存会の主要メンバーは，以前から交流のあった五代獅子舞保
存会の会員とともに，平成2年に「巌鬼舞台をつくる会」を結成した．

　この会では，地元の民俗芸能の上演の場づくりを目的とした企画「郷土芸能
のつどい」や，津軽地方を題材にした歌や映画で知られる演歌歌手のコンサー
ト企画「都はるみコンサート」（平成5年8月）を実施している．

　「都はるみコンサート」の前夜祭では，「津軽の獅子王たち――津軽地方に伝
わる民俗芸能の競演――」と題し，「八幡（ヤワタ）の大太鼓」，「黒滝獅子舞」，
「大光寺獅子舞」，「紙漉沢獅子舞」，「鳥井野獅子踊」，「荒吐会縄文新田囃子」，
そして「お山参詣」が，百沢総合運動公園体育館で上演された．

　当会は，他にも「巨木の森コンサート」を10年間開催している．これは，
岩木山五合目にあるブナの林に舞台をつくり，コンサートを自主開催するとい
うものであった．第1回目は，平成2年6月24日に，岩木山の5合目にある
「巨木の森」で行われた．舞台構成は五代獅子舞保存会員の男性が担当し，
鳥井野獅子踊り保存会のメンバーは舞台制作を担当した．

　出演者は，各回とも，創作笛・フルート奏者の横田年昭氏が主役となった．

　第2回，第3回，第9回は文楽人形，第5回はバレエ，第10回のファイナ
ルコンサートはバリ島の舞踊が出演している．

　鳥井野獅子踊も，自ら，第1回，第2回，第6回，第10回と出演している．

　このような活動を通して，いわゆる「伝統的」とされる古いイメージをもた
れやすい獅子踊りが，パントマイムやバレエといった異分野の文化と交流し，
自らも同じ舞台で即興性を交えながら踊りや囃子を演じることもあった．この
ような，活動により，獅子踊りそのものの活動の場が拡張されてゆくことに
なった．

（2） ネプタの制作運行

鳥井野獅子踊りでは，平成9年頃，会員の男性が制作した小さなネプタ（第4章：注2）を用いて，太鼓を叩きながら地元の各町内を回った．このとき，保存会の子どもたちも参加している．

その後，平成10年，大工を職業とする会員の仕事場にて，五代獅子舞保存会の男性の協力を得て，大きな獅子頭の形をしたネプタを作り，村の子どもたちと一緒に，町内の夏まつりにも参加した．

さらに，次の年になると，鳥井野消防団を中心にして，鳥井野獅子踊り保存会の会員が代表となりネプタの愛好会を結成している．

このような活動が3年続き，これを機に，村の若者たち2名が新たに保存会に入会している．

その後，獅子踊りの保存会でもネプタの制作運行を再開し，地域を巡回する活動が6年ほど継続された．

ネプタ・ネブタの行事は，現在では市街中心部で行われる大規模な合同運行形式のものが主流になりつつあるが，かつては，各地域のさまざまなネプタが自由にルートを定めて運行していた．この頃の様子を知る人にとって，ネプタは「見に行くもの」ではなく，「どこからともなくやってきて，家の前を通り過ぎてゆくもの」であった．

ネプタ運行に携わった保存会の初代会長の男性によると，このような昔ながらの村々をまわって歩くネプタをみて，特に年配の人々が喜んでいたという．

（3） お山参詣の実施

鳥井野地区では2012年から2014年まで，3年間にわたり3度，岩木山の登拝行事「お山参詣」を行っている．

「お山参詣」とは岩木山を対象にした集団登拝を行う年中行事である．毎年旧暦の八月一日に，津軽一円の各地から参詣の団体が，岩木山神社を目指し，一日のご来光を山頂で拝み，帰還する．

鳥井野地区で，最後にこの行事が行われたのは昭和20年代（1945〜1954年）

中頃であり，およそ60数年ぶりのことであった．

　お山参詣の実施にあたっては，実行委員会が結成されたが，この委員会には保存会の主要メンバーが参加し，意見交換の調整や，祭具の準備，行事における祭囃子の演奏など，行事計画の遂行に不可欠な存在となっていた．

　また，この行事への参加を機に，保存会に入会した男性もいて，後に，獅子の踊手となり，事務局の役割も担っている．

（4）「保存」の意識から解放された遊興的芸能実践

　先述したように，保存会の人たちの多くは，獅子踊のみならず岩木山の登拝行事である「お山参詣」や「弘前ねぷた」など，獅子踊り以外の複数の行事にも関わっている．これらの文化財は観光的な資源としても注目されており，その意味において，民俗芸能の担い手たちは，地域の観光産業の一端をも担っているといえよう．

　では，彼らが常に「先人から受け継いだ文化を後世に残す」，あるいは，「文化財としての芸能や行事を未来に残す」，あるいは「地元の素晴らしい伝統文化を披露する」というように，いつでもどこでも，「保存」や「継承」，といった伝統性を重んじる理念に基づいて芸能を実践しているか，といえば，必ずしもそうではない．今を生きている自分たちの楽しみとして，芸能の面白さや楽しさなどの遊興性を追求するような，比較的自由な形式の芸能実践も展開している．

　その一例としてここでは「余興」と呼ばれる芸能実践を紹介する．これまで見てきたように，獅子踊保存会の人々は踊りや囃子などの芸能を得意としている．長年芸能に携わってきた人物は，その芸能の熱烈な愛好者である場合が多い．鳥井野獅子踊り保存会の会員のなかにも，日常的に囃子や踊り，あるいは祭りのことを考えている人々が多い．

　このような人々が何かの会合で集まり，飲食を共にすると，娯楽として笛を吹いたり踊りを踊ったりすることがあり，その際にあえて「余興」といったいいかたをする場合がある．

　この場合,「余興」という言葉には,「普段は保存継承されるべき伝統的な文化として受け継いでいるが, 今この場ではあまり堅いことを言わずに, 皆で楽しみたいう」というような思いが込められている.

　「余興」では, お山参詣やネプタ・ネブタなどの囃子が本来の行事の場や目的とは関係なく娯楽的に演奏される.

　また, 獅子踊や盆踊りなど, なんらかの踊りを習得している人たちが, これらの所作をベースにして, 一匹の獅子になりきって, 伝統的な所作の形にとらわれず, 自在に踊りを楽しんでいる人もいる.

　人々はあえて「余興」という言葉を用いることにより, 芸能や行事がもつ諸々の制約（時期や場所, 参加者の条件など）や, 伝統的な文化の保存, 継承といった理念から一時的に解放された場をつくり出している.

　「余興」として行われる芸能は, 現在に生きる人々の日常のなかから立ち現れてくる事象であり, そこでは誰もがその行為に関わることが可能な空間が形成されている.

　囃子や踊などを愛好している人々が集い, 心を開いて相互に交流を深めてゆくような体験の出来る場では, 各人の内側から沸き起こるような楽しさや嬉しさなどの感情が発生し, これを互いに共有するような現象が起きる.「余興」の場を通して人々が互いに心を開き親交が深まりまる.

　このような場は人間関係の維持や構築, 芸能の愛好者の増加を促すことから, 無形の文化である獅子踊の伝承活動を地域で維持してゆくための有効な機能を発揮している, とも考えられる.

　鳥井野獅子踊の担い手の人々が, 獅子踊の伝承活動を超えた多様な活動を展開してきたことや, 会員の人々が芸能を遊興的に実践するような楽しみ方を共有してきたことは, 保存会の本来の目的すなわち, 獅子踊に必要な技術や知識を伝承してゆくような「保存」の活動とは直接的には関係ないものに思えるかもしれない.

　しかしながら, より広く深い視野でとらえてみると, 獅子踊が地域社会との接点を多く持ち地域に深く根ざしてゆくこと, そして, 人々が芸能を通して楽

しみを分かち合い，互いに人間関係を構築してゆくような活動もまた，獅子踊りの伝承活動を維持してゆく上で，重要な意味を持っていることが見えてくる．

（5）　地域を越えて拡張される伝承者同士の関係性
（電子化・重層化する伝承者間のネットワーク）

　多様な活動を行ってきた鳥井野獅子踊保存会であるが，年々会員の高齢化が進んでいて，人手不足の問題が慢性化している．

　このようななか，近年見られる新たな傾向として，女性が踊りに参加したり，鳥井野地区外の人々が保存会の活動に参加したりするという現象がある．

　特に後者については，他の獅子踊り団体に所属する囃子方の人物が鳥井野獅子踊の囃子を習得して手伝いに来たり，鳥井野の囃子方が同じく手伝いに行ったりするような状況も発生している．これまで，獅子踊りの伝承活動に限らず，多様な活動を展開してきた鳥井野獅子踊保存会の特色の一つといえるかもしれない．

　先の祭囃子の事例でも触れたが，鳥井野の保存会に限らず，獅子踊芸能の担い手たちが，本来の拠点である団体とは別に，他の団体や，他の種類の芸能団体と接触し活動するという現象は，津軽地方において以前からも見られた．

　たとえば，筆者の笛の師匠Ｆ・Ｒ氏（男性）は，近年まで，鳥井野獅子踊り保存会に所属しながら，岩木山の登拝行事「お山参詣」の囃子を保存する団体（岩木登山ばやし保存会）の副会長を務めていた．

　また，五所川原市の朝日町では，町会でネプタを運行するにあたり，囃子方の人数が不足し，近隣の獅子踊団体に人的支援を要請したこともあったという．[2]

　このような地域や団体をこえた人々のつながりは，近年ますます加速している．その要因として，インターネットや携帯端末（スマートフォンやタブレットなど）の普及があげられる．これらの技術を駆使して，芸能の担い手たちは地理的，時間的な制約を超越し，自由に連絡を取り合い，情報を交換共有しながら，行動するようになった．

　このような状況について，一例を挙げてみる．

　筆者自身は鳥井野獅子踊保存会の囃子方として 25 年以上笛を担当してきた．それだけでなく，弘前市中心街の松森町を拠点とする津軽松森獅子舞保存会の囃子（笛）も習得している．

　一方で，松森獅子舞の保存の囃子方には，鳥井野獅子踊保存会に賛助会員として在籍し，鳥井野獅子踊の囃子（笛）を習得した女性がいる．

　この女性と私は，松森町の獅子舞で使用している LINE やフェイスブックといったインターネット上のサービスを利用して連絡を取り合い，お互いに，囃子方の人手不足を補充し合っている．

　LINE やフェイスブックに限らず，芸能の担い手たちがインターネット上で情報を交換・共有しながら広範囲に活動を展開する傾向はますます加速している．

　たとえば，ネプタ・ネブタでは，祭りの期間になると，弘前市内の団体の囃子方の人々が，インターネットで連絡を取り合って，30 km ほど北に位置する五所川原市で開催されるネプタ祭りに参加したり，青森市内でネブタに参加している人が 40 km ほど西南に位置する弘前のネプタの囃子方に参加したりするということは，筆者の見る限りにおいて，平成 17 年あたりから増え始め，現在ではさほど珍しいことではなくなっている．

　地理的に限定された「地域社会」と，インターネットで仮想的な電子空間上に形成された「地域コミュニティ，あるいは担い手たちのコミュニティ」とが重層的に存在しているのである．現代社会における，民俗芸能の担い手たちの関係性や地域社会の人々のつながりを考えるとき，このような情報インフラ普及の影響や，これによって新たに形成される人的ネットワークにも着目する必要があろう．

　話を鳥井野獅子踊りの活動に戻したい．かつて獅子踊りは，その地域の中でも限られた男性にのみ許された芸能であった．現在でも，「できれば，地元の人間を中心にしながら活動を続けたい」という声も聞かれる．これは至極当然な意見であろう．

　しかしながら，現在ではすでに外部からの人的な力に依存している状態であ

り，むしろこれにより，保存会内に活気がもたらされているという意見も聞か
れる．

　いずれにせよ，保存会の会員構成や，保存会を取り巻く人々のつながりが地
域を越えて拡張されているのが現状であり，各保存会がそれぞれの地域を拠点
としながら，担い手たちが地域や団体の枠組みを超えて，相互に交流を深めて
ゆくような展開がますます進んでゆくものと思われる．

お わ り に

　本章では，人口減少や人々のつながりの弱体化といった課題に直面する地域
社会において，いわゆる「伝統的」な文化とされる民俗芸能が，現在，どのよ
うにして維持，あるいは実践されているかについて見てきた．
　上原子地区では，地域住民が「自分たちの村の芸能を無くしたくない」とい
う思いや「剣舞は村のものだから協力したい」という思いのもと，女性や子ど
もたちの参加という，それまでの男性中心による活動の常識を覆すような手段
を用いて，剣舞踊りを存続させてきた．
　鳥井野地区においても，同様の試みが見られるが，当地域では，獅子踊りの
後継者について，地域内の人材にこだわらない，地域や各団体における帰属意
識を超越した新たな関係性の構築が進み，これによって演者の確保が維持され
ている．芸能の担い手たちは，自分たちが関与する地域や団体を増やし，重層
的かつ多面的な帰属意識を形成している．
　上原子の剣舞踊りと鳥井野の獅子踊り，これら二つの事例からは，状況に応
じて変容を遂げながら活動を維持してゆくことで，人々の関係性を再構築し，
時代に適応した，新たな地域コミュニティのあり方を体現する民俗芸能の姿が
見えてくる．

注
1）　日本における民俗学の創始者・柳田國男は，信仰に基づく神事に観客が加わり，見

る者とみられる者とが分離して，饗宴・喧騒・風流（華美に装飾する事で悪霊を追い
払うという精神）といった華やかさが増大した祭（華やかで楽しみの多いもの，見物
人が集まってくる祭）を祭礼と定義した．

2）　筆者聴き取り，五所川原在住の男性 30 代後半．

参考文献

青森県教育委員会（1996）『青森県民俗芸能緊急調査報告書』．

青森県史編さん民俗部会（2004）『青森県史　民俗編　資料　津軽』．

青森県史編さん民俗部会（2001）『青森県史　民俗編　資料　南部』．

岩木町史編集委員会（2010）『新弘前市史　資料編　岩木地区』．

岩本通弥（2007）「現代日本の文化政策とその政治資源化──「ふるさと資源」化と
　　フォークロリズム」『資源人類学──資源化する文化』弘文堂．

下田雄次（2015）「剣舞に「協力」する人々──地域に伝わる民俗芸能にかかわることで
　　人々は何を体験しているのか」『地域社会研究』8，弘前大学地域社会研究会．

下田雄次（2015）「民俗芸能と〈日常〉の身体のつながりをめぐって──同時代的文脈の
　　なかでとらえる民俗芸能の姿」『弘前大学大学院地域社会研究科　年報』11．

下田雄次（2016）「民俗芸能の「余興」的実践──青森県津軽地方の祭囃子を題材に」『弘
　　前大学大学院地域社会研究科　年報 』12．

對馬伴成（2013）「広報「サイギサイギ」」4，鳥井野地区お山参詣実行委員会．

天間林村文化協会（2005）『天間林村文化創造史』．

鳥井野地区お山参詣実行委員会（2012）『鳥井野地区お山参詣実施報告書』．

鳥井野獅子踊保存会（2016）『鳥井野獅子踊りの歩みとこれから──弘前市無形民俗文化
　　財指定三十周年記念』．

橋本裕之（1989）「保存と観光のはざまで──民俗芸能の現在」『観光人類学』ひつじ書房．

俵木悟（1997）「民俗芸能の実践と文化財保護政策──備中神楽の事例から」『民俗芸能研
　　究』．

俵木悟（2007）「神事と芸能の現在」神田より子・俵木悟編『民俗小事典　神事と芸能』
　　吉川弘文館．

松下清子（2000）『津軽の獅子舞・シシ踊』北方新社．

第 **8** 章　過疎化少子高齢化の中でのコミュニティ再生

はじめに

　少子高齢化の急速な進行への警鐘として，2014 年，「地方消滅」という衝撃な言葉とも併せ，大きな話題となった「増田レポート」[1]では，将来的に20〜39 歳の女性人口が 5 割以下に減少すると予測される 896 の自治体が，このままでは消滅することになると名指しされた．実際問題として日本全体が人口減少社会に突入した現在では，すでに大都市においては高齢者数が激増し，地方においてはその高齢者が減り始めている．過疎化，少子高齢化に伴う人口減少のスピードは加速しているのである．

　こうした情勢を受け，政府は「まち・ひと・しごと創生法」[2]を定め，地方再生のための政策を進めている．これは「地方にしごとをつくり，安心して働けるようにする」「地方への新しいひとの流れをつくる」「若い世代の結婚・出産・子育ての希望をかなえる」「時代に合った地域をつくり，安心なくらしを守るとともに，地域と地域を連携する」をキーワードに，各地域がそれぞれの特徴を活かした自律的で持続的な社会を創生することを目指すことで，地方の活性化を図るものである．つまり地方への人口の流れをつくるために仕事を確保し，安心して住める施設面や制度面でのインフラの充実を図るということである．

　一方，住民側もただ手をこまねいているわけではない．人口減少によってこれまでのコミュニティ機能が崩壊していく中，住民自身の手で自らの地域の生き残りをかけてさまざまな活動を行っているケースも多々見られる．

　地方から人口が流出し，コミュニティが崩壊していく最大の要因は，農業等一次産業以外に基本的に仕事がないことである．その実態を打開していく可能性を秘めているのが一次産品の生産と加工，販売を一括して行う六次産業化である．だ少子高齢化が進んだ地方地域において，それを行っていくのは容易なことではない．本章では主婦層を中心とした女性パワーが，農業技術指導の専門家である「普及指導員3)」を活用することによって，見事に事業を成功させコミュニティ再生への道筋をつけるに至った事例を紹介する．

１．女性達が運営する「名川101人会」

（１）　名川地区の概要と「名川101人会」の設立

　この団体が活動している地域は，青森県八戸市に隣接した西部に位置する三戸郡南部町名川地区である（**図8-1**参照）．名川地区は八戸市から約25km離れており，2005年に合併前は名川町となっていた．南部町全体の2019（令和元）年時点での人口は，2万1253人となっているが2010（平成22）年から5年間の人口増減率はマイナス7.76％であり，人口全体の中で65歳以上の人が占める割合は全国平均より10ポイント近く高い35.8％となっている4)．少子高齢化が着実に進んでいることを示すデータである．

　町の面積の50.3％を山林が占め，古くからりんご，さくらんぼ，ブドウ等

図8-1　南部町の位置

図 8-2　名川チェリーセンター

筆者撮影.

の果樹の生産が盛んであった．以前からの農業による生業形態は，収穫した農産物を市場やスーパーに出荷し収入を得るというもので一般的なものであった．しかし，出荷できる農産物は，一定の規格規準（均一の色や形，安定した作物数等）を満たさなければならず，規格を満たさないものは捨てる他なかった．そこで規格外の農産物も有効に利用としようと考えられたのが，ジャムや漬物といった自宅でも製造できる加工品であった．だが，その当時は町内には常時販売できる場所がなかった．

　こうした中で農家の女性有志が，自分たちの生活向上を図るという目的も含めて立ち上がった．常設の販売所設置を求めて町に対し交渉を行ったのである．その結果，1991（平成 3）年に土地と建物は町が用意し運営は自分たちが行うという公設民営型の施設「名川チェリーセンター」が誕生した（図8-2）．

　さらに，この女性有志たちは「名川チェリーセンター」を運営するために「名川 101 人会」いう団体を設立した．「名川 101 人会」では，確実な売り上げを図るために，県から普及指導員を招き，生産から販売までの過程に関するさまざまな講習を実施した．主な内容は，次の技術的な 4 点である．

　① 生産管理（農業栽培技術の指導）

　② 衛生管理（りんごやブドウ等の果実を利用したジュースづくりや野菜を使用した漬物づくりなど加工品の製造方法や保存方法等の指導）

③ 販売管理（野菜と果物と加工品はどのように陳列しどのような POP でお客様にわかるように商品や価格を知らせるか等の知識の習得や食品衛生責任者等販売に係る多くの資格取得等の指導）

④ 運営管理（誰がいつどれだけの売上を上げたか等の出荷者毎の売上管理や誰に対していつどのように支払うか会計方法等の指導）

（2）「名川チェリーセンター」の開設と運営

このように万端な準備を重ねて「名川チェリーセンター」は営業を開始した．ここまでの活動に対しては，女性たちが中心となっていたため，農作業の主たる担い手であった男性陣は，どちらかというと冷ややかな目で見ており，施設での売り上げについても良い結果など出るはずがないと踏んでいた．ところが，そうした見方は見事に覆されることになった．規格基準優先の販売から鮮度を最優先とする販売方針が当たり，地元地区のみならず他地域からも多くの集客が見られ，初年度の売り上げは何と 1 億 2000 万円に達したのである．以降，1996（平成 8）年度には 2 億 6000 万円，2018（平成 30）年度には 2 億 8800 万円と着実に売り上げを伸ばし現在に至っている．

ここで特筆すべきは，全体の売り上げの金額もさることながら，一人当たりの年間平均売上高は約 200 万円であり，最も多く売り上げる生産者は 1000 万円を超える規模であるということである．これは「名川 101 人会」の運営方法が大きく寄与している．特にそれがあらわれているのが，県として全国有数の生産量を誇るさくらんぼについてである[5]．さくらんぼは，一般的に市場流通に向けての手数料や統一された箱などの経費がかかるため，農家の手取りは店頭販売価格の約半分と言われている[6]．こうした中，「名川 101 人会」では手数料を 9 ％と格段に低く設定した．このため農家の利益率は大きく上昇することとなったのである．

（3）「名川チェリーセンター」の成功と地区への影響

「名川 101 人会」のメンバーによると，この地域ではそれまで農家の収入と

いうのは農協や市場出荷先からのもののみであり，結果として家の「財布」を握っていたのは「家長」としての男性であった．そのため女性は家庭での細かい出費については，その都度使い道を説明した上で男性からお金を「いただく」しかなかったという．

しかし，「名川チェリーセンター」開設以後は順調な売り上げに支えられ，運営者である女性たちは独自の収入を確保することができた．さらにこの独自の「財布」は自分たちの努力と工夫により，一層大きくすることができることから，女性たちのやる気はさらに高まっていった．この収入で女性たちは，自らの台所や洗濯，掃除，子育てに関する出費を自由に使うことができるようになったのはもちろん，年に 1 回は自分たちへのご褒美として慰安旅行を行っているという．女性たち自身が決して無理はせず，可能な範囲の中での生産や販売によって収入を得て，それによって生活を豊かに変えていたのである．普及指導員がもともと取り組んできた「生活改善」が名川地区では「名川チェリーセンター」の運営によって実現したのである．

101 人会の 101 には，100 人という当初の目標とした会員数に，新たな飛躍の意味を込めて 1 をプラスし，いつまでも 100 で満足することのない前向きな姿勢で頑張るという意味が込められている．「名川 101 人会」では，今後の見通しとして新しい特産品開発を図りながら，女性の活躍による農家全般の所得向上を目指し，地域の活性化につなげていくこと考えている．

2．「藤沢活性化協議会」における女性たちの活躍

（1）　藤沢地区の概要

この組織が活動するのは青森市の東隣に位置する青森県東津軽郡平内町藤沢地区である．平内町全体としては 2019（令和元）年時点での人口は 1 万 932 人であり，2010（平成 22）年から 5 年間の人口増減率はマイナス 9.86％となっている．人口全体の中で 65 歳以上の人が占める割合は，南部町とほぼ同じ 35.4％である．[7]

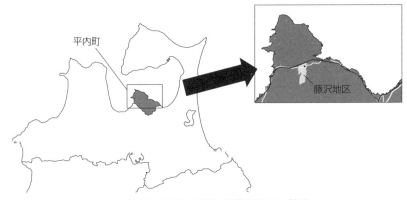

図 8-3　青森県平内町及び藤沢地区の位置

　藤沢地区には地区の中心部からほど近い場所に青森市内中心部まで30分ほ
どという青い森鉄道小湊駅があり，また地区内には県内の大動脈である国道4
号線が走るなど，立地としては交通面で恵まれている．藤沢地区のある平内町
は陸奥湾に面していることから漁業が盛んであり，町全体としては青森県内に
おいて最大のホタテ貝の漁獲高を誇っている．ただし，その中にあって藤沢地
区は，夏泊半島の付け根の内陸部に位置しているため（図8-3参照），漁業とは
無縁であり，昔からの稲作を中心とした2016（平成28）年現在で人口297人，
111世帯からなる農業集落となっている．

（2）　少子高齢化の影響

　これまで農業中心の生活を送ってきた藤沢地区であったが，近年の少子高齢
化の激しい波は当然ながらこの地区にも押し寄せ，そのことが地区を支えてき
た稲作農業の継続を次第に困難なものにしつつあった．それを明確に浮かび上
がらせることになったのは，2014年に実施された青森県の集落経営再生・活
性化事業の採択地区となったのを機に創設された「藤沢活性化協議会」の活動
である．協議会がまず行ったのは地区住民86戸すべてを対象に行ったアン
ケート調査である．そして弘前大学大学院地域社会研究科がこの結果を基に現
地で行ったワークショップにおいて，高齢化に伴う農作業への負担感の増大が

今後の生活維持に対する不安へと直結しているという住民の意識が明らかに
なった.

（3）　藤沢地区の地区活動組織と女性パワー

　藤沢地区の地区活動組織は, 地域を統轄し全戸が加入している藤沢町内会が
中心である. その他目的型組織としての八幡宮氏子組織, 消防団, 獅子舞保存
会, 農地保全の会, 水利組合等, 属性型組織の子ども会育成会, 婦人会, 老人
クラブがある. それまでは, それぞれの組織がそれぞれの目的に沿った活動を
行っており, 地区全体の活動はどちらかというと夏の盆踊りなど形式的なもの
にとどまる傾向があった.

　しかし先ほどのような現地調査の結果が町内会を通して住民に周知されるに
至り, 今後への不安が一気に噴出する結果となった. 継続的に行っていた弘前
大学のワークショップでの内容も参考にしながら, 率先して行動を起こしたの
は「若妻会」と称した主婦たちであった. 藤沢地区においては, 前項で取り上
げた名川地区同様, 何事も「家長」としての男性優先という旧弊が色濃く残っ
ていた. こうした雰囲気に対しても平素から内心不満を持っていた女性たちは,
その不満が後押しする形でこの危機的な状況に対して, 自ら打開すべく行動に
出たのである.

（4）　農作物の多様化と無人販売という戦略

　彼女たちは地区の公民館である藤沢コミュニティセンターに自然発生的に集
まり, 今後の地区のあり方について話し合いを重ねていった. これは会議とい
うような堅苦しいものではなく, 各自家から料理を持ち寄ることもしばしばあ
るような気軽な雰囲気なものであった. そうした中でこそ, 画期的なアイデア
が生まれるといったことは一般的にもよくあることだろう.

　話し合いのポイントは, 現在の稲作のみの農業形態では, 当然ながら高齢化
と後継者不足からすぐにでも限界を迎えてしまう, ということである. 結局,
話し合う中で出た結論は, 農作物の多様化と作物の直接販売であった. 米の単

作地域であったため，これまで行ってこなかった畑作にも取り組み，さらに収穫した農作物も自分たちの手で販売してしまおうというのである．若手の農家がいるわけでもなく，専門的な知識を持ったリーダーがいるわけでもない．そのような中，こうした思い切った戦略に出たわけである．まさに女性パワーであろう．

　販売するにあたっては，施設も人手も不十分であり，また商品となる農作物の品数もはじめから多くするのは無理であったことから，設置が容易で場所もとらない無人販売所とすることとした．そして，このことは町内会長を中心とした男性の中心メンバーとも協議し，町内会としての正式な方針となったのである．この方針では2年後の2016年を事業開始の年と定め，発起人となった女性たちを中心に準備が進められることになった．

（5）　準備のための勉強会と販売所の設置

　このような経緯を経て，まず行ったのが発起人となった女性を中心にした勉強会の設置である（**図8-4**参照）．20名ほどが集まったこの勉強会は，約半年間に渡りほぼ毎週行われた．勉強会では ① 畑作栽培に関する知識 ② 無人販売所建設に関する知識と実践例 ③ 農産物販売に関する知識と準備であった．畑作栽培については県へ普及指導員の派遣を要請し，土の作り方，播種の時期，肥料や農薬散布などについて実践的な講習を行った．並行して無人販売所の設置場所についても検討が行われ，最終的には国道に面しコンビニに隣接する土地に使われなくなった車庫があったことから，それを活用することとなった．

　販売所とするための改修にあたっては，女性陣の奮闘に刺激を受けた男性の有志達が集まりトタンの張替えや壁の取り付け，販売のための棚の設置，照明の設置等を自分たちの手で行った．商品である農産物の価格は管理上，把握しやすい全品100円均一とし，運営は「藤沢活性化協議会」，毎日の売上回収は当番制とした．

図 8-4　「若妻会」勉強会の様子

筆者撮影.

（6）「直売所ふんちゃ」の営業と効果

　こうして 2016 年 7 月ついに「直売所ふんちゃ」（藤沢を地元では「ふんちゃ」と
呼ぶ）がオープンした（図 8-5 参照）.開設後の売り上げは好調で,これまでの
ところ毎年売上高は前年を更新している.これは,畑作栽培を行うにあたって

図 8-5　直売所「ふんちゃ」

平内町役場提供.

は見よう見まねで進めるのではなく，県の普及指導員の指導を受け，できる範囲で最新の栽培技術を取り入れたことにより結果として優良な作物を生産できたことと，青森市中心部から比較的近く主要国道も地区内を通っているという立地の良さが要因となっていると考えられる.

　売れ行きの好調さに伴い地区にも変化が生じてきた．目立つのは地区内での人々の会話が増えたことであった．販売活動を行うことによって必然的に連絡を取り合う機会が多くなり，そのことがきっかけとなってさまざまな会話へと発展する.

　そして何といっても重要なのは，この取り組みの成功から湧き上がる女性たちの日々の充実感である．毎日朝6時半には女性たちは自分が手がけた商品を直売所に持っていき店頭に並べる．その際，直売所は井戸端会議場になる．野菜の出来やお互いの体調，また時には離れて住む家族のことなど話題は豊富である．こうした相互の良好な関係がさらに充実感を高め，明日への活力となっていく．この活力は周囲へも波及し地区全体の雰囲気も以前と比べると格段と明るいものになっていった.

（7）　地区の活力源となった無人販売活動

　女性中心の「藤沢活性化協議会」では，現状に満足することなく，世間話に花を咲かせながらも定期的にメンバーが集まり，関係するさまざまな情報の交換を行ったり，今後の新たな企画について話し合ったりしている．男性たちもこれに負けじと錆びたトタンの張替えや棚の手直し等を行い，女性たちの取り組みを支えている.

　現在の悩みは需要が増えすぎて商品となる野菜が不足していることだという．まさにうれしい悲鳴である．それでも他地区からの野菜の搬入は考えていないという．「藤沢活性化協議会」が運営する「直売所ふんちゃ」は，地区の女性たちの井戸端会議，つまり交流の拠点となっており，またこのことから結果的に高齢者の健康づくりにも貢献している．このように地区全体の活力の源ともいえる存在となっているのは，売上だけを追及するような活動にはしないとい

う考えを持っているからである．外面的な規模を追求するのではなく，内面的な実を重視しているのである．

3．事業成功の要因

　冒頭に紹介した増田レポートでは，2040 年の時点で 20〜39 歳の女性人口が半減する見込みの自治体を消滅可能性都市としてピックアップした．このレポートに対する批判や反論も多いが，女性の立場に着目した形になっているという点では，これまでの人口動態に関する将来的な分析としてはユニークなものであり，慧眼に価するといってよいだろう．当然ながら人口減少を食い止める出生率の上昇，つまり女性が子どもを産むことが必要であり，そのためは女性自身も含めた安定的な雇用の創出の必要性がよく指摘されることである．しかし，この雇用の創出，「しごとの創生」には，どうしても受身的な響きがある．誰かに仕事をつくってもらい，そこに従事して収入を確保するというイメージがつきまとう．

　ところが本章での取り組みでは，女性自らが事業を立ち上げそれを成功させている．しかも何か無理をしていたり，他の地域では真似できないような特殊性があったりするといったものではなく，普段の生活の中でできることを進めているだけである．それでいて成功につなげることができたのは，やはり冒頭にも示した女性パワーと普及指導員の活用に尽きる．事業成功の具体的な要因について次の 2 点を指摘したい．

　第一に女性たちの圧倒的なコミュニケーション力である．男性の場合はどちらかというと唯我独尊であり，明確な縦方向の組織がないとなかなかまとまって行動できないが，女性の場合もちろんある程度の上下の組織的関係はあるにせよ，横のつながりは強固で，誰もが主体者であり運営者であるという自覚を持つことができる．その結果，さまざまなアイデアが汲めど尽きぬ泉のように湧いてくるのである．この和気あいあいとした雰囲気は商品の販売にも大きく影響している．特に「名川チェリーセンター」の場合，手作り感満載の商品が

並べられている中，皆が笑顔で迎えてくれるとなれば，訪れる顧客は安心して買いたくなるのも無理はないだろう．

　第二に普及指導員の能力を十分に活用したことである．女性たちは農業に関する専門的な知識や技術を持つ指導普及員から素直に指導を受けた．特に藤沢地区の場合は文字通り畑違いだった畑作栽培について勉強会で一から学び，結果的には最新の農業技術を習得するまでになった．そのため非常に優良な作物を栽培することができたのである．それまで主体的な農作業に携わっていたわけではない主婦層だったからこそ，下手なプライドを持たず愚直な姿勢で学ぶことができたといえるだろう．

　これらの事例というのは表面的なデータにはあらわれることのない取り組みであり，主にステレオタイプ的な産業構造観から示されてきたこれまでの少子高齢化と人口減少という問題のとらえ方に対し，一石を投じるものではないだろうか．

おわりに

　本章では女性パワーと農業技術指導の専門家である普及指導員の活用による地方コミュニティの実を伴う再生の様子を取り上げた．地方コミュニティの再生に向けた取り組みは，華やかなものも含めさまざまあり適宜紹介されている．それらに比べ，ここに挙げた事例は普段の生活を基礎としたもので，事業そのものの内容はさほど目立つようなものではないかもしれない．だが，これらの事業によってある程度の経済的な豊かさを手に入れることができているのは事実である．しかもその活動によって合間合間で井戸端会議を楽しみながら新商品のアイデアを出し合ったり，販売計画を立てたりと楽しく生活することができている．まさにコミュニティの再生である．多くの予算を投入する大規模な地方再生事業も必要な面はあるが，その基礎というのは，こうした品質を保証した地場商品の生産，供給と，そして何と言っても住民が楽しみながら取り組むことができるチームワークであろう．

注

1）　2014 年 5 月増田寛也氏が座長を務める日本創生会議において発表された.
2）　2014 年に制定された法律で，人口減少や東京圏への人口集中を食い止め，地方を活性化するための基本理念などが定められている.
3）　1948 年制定された農業改良助長法に基づく国家資格であり，この資格を所持し協同農業普及事業に従事する都道府県職員である. 同法では戦後の我が国における農業普及の指針として「男性に対する農業改良」「女性に対する生活改善」「若者に対する青少年健全育成」の 3 点が打ち出された. 特に 2 点目の「女性に対する生活改善」では，「考える農民の育成」と「農家生活の向上」が二本柱とした生活改善事業が展開された.
4）　高齢化率は 2015（平成 27）年の時点のものである. この年の全国平均は 26.6％であった.
5）　2018（平成 30）年の生産量は全国 4 位であった.
6）　農産物の価格について販売店利益 20％，手数料含む中間卸利益 30％として試算した.
7）　2015（平成 27）年の時点のものである.

参考文献

尾中謙治・若林剛志・福田竜（2017）「集落経営再生・活性化事業」による地域づくりの現状　農業農村構造プロジェクト〔集落再生〕研究資料　第 2 号.
総務省平成 20 年度地域力創造優良事例集.
土井良浩（2016）青森県との集落再生共同研究・調査方法論「平内町第一藤沢地区」弘前大学地域社会研究会『地域社会研究』9, 23-29.

第9章　教育による地域コミュニティの活性化

はじめに

　子どもの育ちには，家庭・学校・地域社会の三者が大きな役割を担っているということは，改めていうまでもない．三者がそれぞれの特色を生かしながら，その機能と役割を果たすことあるいは担うことができるよう，絶えず教育機能の充実を図ることが極めて重要である．しかし，三者が単独で充実するだけでは不十分である．なぜなら子どもたちは，日常的に家庭・学校・地域社会という生活の場を行き来しており，意識的にも無意識的にもこれら三者の総合的な影響を受けて人間形成がなされているからである．そこで，三者が相互に連絡し合い，提携・協力し合って新たな関係づくりや教育活動を創りだし，実践する必要がある．本章では子どもを育てていく上での地域コミュニティの役割と具体的な取組について述べていく．

1．家庭・学校・地域での共育

　現代の日本において保育所は，乳幼児期の子どもが最初に経験する集団生活の場である．その保育所の保育基準ともなる『保育所保育指針』においては，保育所は，乳幼児期の子どもが最初に経験する集団生活である．その保育所の保育基準ともなる保育所保育指針（厚生労働省 2017）においては，「子どもの生活の連続性を踏まえ，家庭及び地域社会と連携して保育が展開されるよう配慮すること．その際，家庭や地域の機関及び団体の協力を得て，地域の自然，高

齢者や異年齢の子ども等を含む人材，行事，施設等の地域の資源を積極的に活用し，豊かな生活体験をはじめ保育内容の充実が図られるよう配慮すること.」と，家庭及び地域社会との連携として明記されている.

　さらに，小学校学習指導要領（文部科学省 2017）においても，「学校がその目的を達成するため，学校や地域の実態等に応じ，教育活動の実施に必要な人的又は物的な体制を家庭や地域の人々の協力を得ながら整えるなど，家庭や地域社会との連携及び協働を深めること. また，高齢者や異年齢の子供など，地域における世代を越えた交流の機会を設けること.」と，家庭や地域社会との連携及び協働と学校間の連携として明記されている.

　このように学校（教育機関）では，それぞれの教育の柱として，家庭・学校・地域社会との連携が大切なことを謳っており，子どもの発達，殊に人間形成においてはそれぞれが連携して子どもの育ちを保障することが重要であるとしている. それは，一人の子どもの成長・発達を家庭・学校・地域社会で担うことでもあり，子どもを共に育てようとする"共育"を意図しているものである. そしてそれとともに，それぞれが協同（協働）しながら，子どもを育てる"協育"も含まれているといえる. したがって，それらを実現していくためには就学前教育も含めた家庭と学校（教育機関），地域社会との連携が重要となるのである.

　本章では以下それらの連携を進めていく上での枠組みとなる「学校支援地域本部」「地域学校協働本部」「コミュニティ・スクール（学校運営協議会制度）」の概要を示すとともに，それに基づいた事例を紹介する.

2．学校支援地域本部

（1）　学校支援地域本部の概要

　前節で述べたように，わが国では就学前教育の保育所，幼稚園，認定こども園，さらには小学校において，家庭，学校（教育機関），地域社会間の連携が重視されるようになっており，それに伴い近年さまざまな取り組みが実施されて

いる.

　文部科学省の「学校支援地域本部の概要」¹⁾では，以下のように述べられている.

> 　社会がますます複雑多様化し，子供を取り巻く環境も大きく変化する中で，
> 学校が様々な課題を抱えているとともに，家庭や地域の教育力が低下し，
> 学校に過剰な役割が求められています.
> 　このような状況のなかで，これからの教育は，学校だけが役割と責任を負
> うのではなく，これまで以上に学校，家庭，地域の連携協力のもとで進め
> ていくことが不可欠となっています.
> 　このため平成18年に改正された教育基本法には，「学校，家庭及び地域住
> 民等の相互の連携協力」の規定が新設されました.
> 　学校支援地域本部は，これを具体化する方策の柱であり，学校・家庭・地
> 域が一体となって地域ぐるみで子供を育てる体制を整えることを目的とし
> ています.
> 　そして，学校教育の充実，生涯学習社会の実現，地域の教育力の向上をそ
> のねらいとしています.

　ここで挙げられている，教育基本法の「学校，家庭及び地域住民等の相互の
連携協力」は，第十三条のことであり，以下の通りである.

（学校，家庭及び地域住民等の相互の連携協力）
第十三条　学校，家庭及び地域住民その他の関係者は，教育におけるそれ
　　　　　ぞれの役割と責任を自覚するとともに，相互の連携及び協力に
　　　　　努めるものとする.

　「学校支援地域本部」は，家庭，学校，地域が連携しながら，保護者・地域
住民・学校支援ボランティアとして学校を支えるものである（図9-1・図9-2）.
文科省は，全国の中学校区ごとに地域が学校を支える体制をつくることにし,
事業開始時には各市町村に「学校支援地域本部」が設置されることを目標に

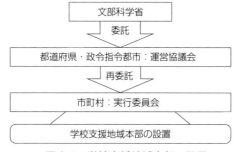

図 9-1　学校支援地域本部　設置

出典：文部科学省（2009）学校支援地域本部事業（拡充）.

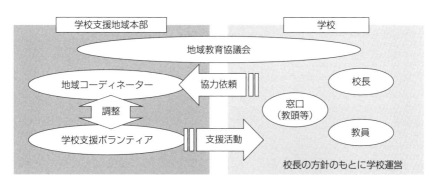

図 9-2　学校支援地域本部　地域教育協議会

出典：文部科学省（2009）学校支援地域本部事業（拡充）.

1800 カ所で実施し，学校支援のモデルとなるような事業が展開された．これは，学校を支援するボランティア活動を組織的に行うことで，より効果的なものにしようとしたものである．本事業による学校教育への支援によって，地域住民が学校を支援することで，児童生徒の多様な体験活動やコミュニケーション能力，規範意識の醸成を図ることができるとともに，教員の多忙化等から，教員が教育活動により力を注げる環境を整えることをねらいとするものである．

　その後，関連事業の拡充に伴い 2011（平成 23）年度から，「学校支援地域本部」は「学校・家庭・地域の連携協力推進事業」（補助事業）のなかの 1 メニューとして推進されることになった．同年度からは関連事業の拡充によって，「学校支援地域本部」と「放課後子供教室」，「家庭教育支援」等の教育支援活

動を各地域の実情に応じて有機的に組み合わせることが可能となり，より一層の学校・家庭・地域の連携協力の強化が図られた．

（2）　学校支援地域本部の事例

　文部科学省は，家庭，学校（教育機関）と地域の連携の充実を実現するために2008（平成20）から2016（平成28）年度まで「学校支援地域本部」における事業を推進し（表9-1），これに基づき各市町村でさまざまな取り組みがなされてきた．この事業による事例を次に挙げてみたい．

事例1　香川県さぬき市学校支援地域本部

　本事例の学校支援地域本部事業は，地域の中学校1校，小学校2校，幼稚園1園，保育所1所（さぬき市立天王中学校，神前小学校，石田小学校，寒川幼稚園，寒川保育所：当時）が参加しており，まさに地域挙げての活動事例である．学校支援地域本部事業の多くが義務教育機関の小学校と中学校の連携で行われている中で，本事例は地域の幼稚園，さらには厚生労働省所管の保育所とも連携したものであり，このように中学校・小学校・幼稚園・保育所が連携しているというのは全国的にも稀な取り組みである．なお本事例は，2011（平成23）年度に文部科学省から優れた「地域による学校支援活動」被表彰対象活動として表彰された．

　本事例では，各保・幼・小・中学校のほぼ中心にある公民館に事務局を置き，そこにコーディネーターを配置することで，学校や地域とのコミュニケーションが容易にとれる環境を構築した．地域の中心に位置する公民館を活動拠点と

表9-1　学校支援地域本部設置数（2015（平成27）年8月現在）

年度	2008 (平成20)	2009 (平成21)	2010 (平成22)	2011 (平成23)	2012 (平成24)	2013 (平成25)	2014 (平成26)	2015 (平成27)
学校地域支援本部	2,176	2,405	2,540	2,659	3,036	3,527	3,746	4,146
市町村数	867	1004 3法人	1005 3法人	570	576	619	628	642

出典：文部科学省（2015）学校支援地域本部・学校・家庭・地域の連携による教育支援活動促進事.

することで，各保・幼・小・中学校の代表者と事務局（コーディネーターを含む）との定期的な意見・情報交換会を開催し，意見要望等に迅速に応えるとともに，適宜コミュニケーションを図ることで事業がスムーズに行われることとなった.

　この公民館を中心とした活動は，2008（平成20）年10月から本項冒頭に挙げた天王中学校区である寒川地区においてまず始められ，2012（平成24）年度には翌年に天王中学校との統合が予定されていた大川第一中学校区である大川地区においても事業が行われた. 具体的には，人材バンクに登録したボランティアの方をコーディネーターが調整し，各学校に対し部活動支援，学校支援活動，行事支援，登下校安全指導，校庭の剪定，草抜き，学校図書の整理などの環境整備活動に派遣した. 2012（平成24）年度の派遣人数は，延べ7122名であった.

　またボランティア活動の他に，たとえば「認知症サポーター養成講座」のような地域リーダー養成講座を開催し，併せてその場で活動状況報告や意見交換も行った. その他，年間3回発行している学校支援ボランティアだより「ふれあい」（寒川）による活動報告，啓発活動も行った.

　本事例は，学校支援地域本部の事業開始当初から地域の中心地の公民館を拠点とし，地域で子どもを地域住民で育てることに向かって取り組んだ活動である. これは前述した保育所保育指針をはじめとする学習指導要領等でも重要とされている地域との連携のモデル的事例といえるだろう.

3. 地域学校協働本部

（1）　学校支援地域本部から地域学校協働本部への発展

　文部科学省は前述の学校支援地域本部による事業を受け，それを継承発展させる形で「地域学校協働本部」を設置し，より幅広い地域住民や企業・団体等の参画を促して，地域と学校が連携・協働して，学びによるまちづくり，地域人材育成，郷土学習，放課後等における学習・体験活動など，地域全体で未来を担う子どもの成長・発達を支え，地域を創生する地域学校協同活動を展開している. これは中央教育審議会答申「新しい時代の教育や地方創生の実現に向

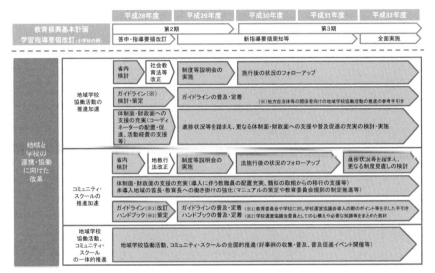

図9-3　「次世代の学校・地域」創生プラン

出典：文部科学省（2016）平成27年度文部科学白書.

けた学校と地域の連携・協働の在り方と今後の推進方策について（2015. 平成27年12月）」及び「『次世代の学校・地域』創生プラン」（2015. 平成28年1月）（図9-3）に基づくものである.

（2）　地域学校協働本部の概要

　「地域学校協働本部」は，それまでの「学校支援地域本部」による活動というのが，地域が学校・子どもたちを支援するものであったのに対し，地域と学校が目標を共有して行う「総合化・ネットワーク化」を図る「連携・協働」型へと発展させていくというねらいの下，総合的な視点による活動である地域学校協同活動を実施するものである（図9-4・図9-5）.

　現行の保育所保育指針，幼稚園教育要領，認定こども園教育・保育要領及び学習指導要領に掲げられている教育改革では，子どもの育ちは学校の授業における知識の伝達のみならず，子ども自身の主体的な学びによる部分が重視されている．そして，自らが協働的な活動をすることや，社会での連携や協働を理

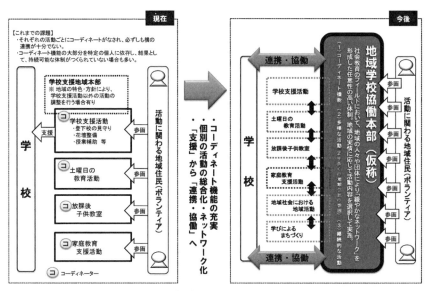

図9-4　今後の地域における学校との協働体制（地域学校協働本部）の在り方
～目指すべきイメージ～

出典：文部科学省（2016）平成27年度文部科学白書.

◎ 次代を担う子供に対して、どのような資質を育むのかという目標を共有し、地域社会と学校が協働。

◎ 従来の地縁団体だけではない、新しいつながりによる地域の教育力の再生・充実は、地域課題解決等に向けた連携・協働につながり、持続可能な地域社会の源となる。

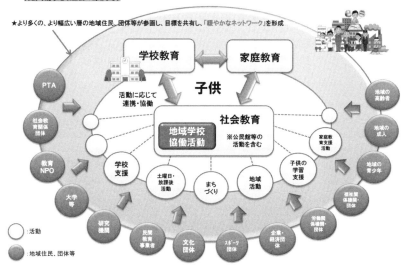

図9-5　地域全体で未来を担う子どもたちの成長を支える仕組み（活動概念図）

出典：平成27年12月7日　中央教育審議会　初等中等教育分科会　地域とともにある学校の在り方に関する作業部会（第12回）・学校地域協働部会（第11回）合同会議　配付資料より. https://www.mext.go.jp/b_menu/shingi/chukyo/chukyo3/054/siryo/__icsFiles/afieldfile/2015/11/19/1364578_08.pdf

解するなどの対話的な学び，またさまざまな問題の解決を図るとともに学んだことを基にしてさらに創造的な活動へと発展させる，といったより深い学びが，生涯にわたって能動的（アクティブ）に継続していくことを目指している．具体的にはたとえば対話的な学びとして，実社会で働く人々が連携・協働して社会に見られる課題を解決している姿を調べたり，実社会の人々の話を聞いたりすることが挙げられている．これにより自らの考えに広がりを持たせると同時に，学習者に地域社会の存在が不可欠であるという意識を持たせることになるのである．

（3）　地域学校協働活動の目指すもの

地域学校協働活動は，地域の高齢者，成人，学生，保護者，PTA，NPO，民間企業，団体・機関等の幅広い地域住民等の参画を得て，地域全体で子どもたちの学びや成長を支えるとともに，「学校を核とした地域づくり」を目指し

図9-6　さまざまな地域学校協働活動

出典：文部科学省（2017）地域学校協働活動，平成29年.

て，地域と学校が相互にパートナーとして連携・協働して行うさまざまな活動である．

　この活動では子どもの成長を軸として，地域と学校が相互に連携・協働し，意見を出し合い学び合う中で，地域の将来を担う人材の育成を図るとともに，地域住民のつながりを深め，自立した地域社会の基盤の構築・活性化を図ることを目指している．

４．コミュニティ・スクール（学校運営協議会制度）

（1）コミュニティ・スクール（学校運営協議会制度）の概要

　コミュニティ・スクール（学校運営協議会制度）は，2004（平成16）年6月の「地方教育行政の組織及び運営に関する法律」（以下「地方教育行政法」）の改正により導入された制度である．これは保護者や地域住民が，合議制の機関である学校運営協議会を通じて，一定の権限と責任を持って学校運営に参画し，より良い教育の実現を目指すという，地域に開かれ支えられる学校づくりの仕組みである．

　この制度により学校や地域の実情も十分に踏まえた上で，各教育委員会が教育委員会規則で定めるところにより，所管する学校をコミュニティ・スクールに指定した場合に，当該学校で学校運営協議会を設置することができるとされた．

　このような流れで制度化されたコミュニティ・スクールは，保護者や地域住民が学校運営に参画する仕組みとして，参画した保護者地域住民が学校運営の基本方針を承認し，教育活動などについて意見を述べるといった活動が行われている．文部科学省としては，コミュニティ・スクールの一層の普及・啓発を図るため，調査研究事業や推進協議会，コミュニティ・スクール推進員の派遣といった施策を進めている．また2018（平成28）年度には，コミュニティ・スクールと学校支援地域本部などとの一体的推進を目指し，「学校を核とした地域力強化プラン」の事業の一つとして，コミュニティ・スクールの導入促進，

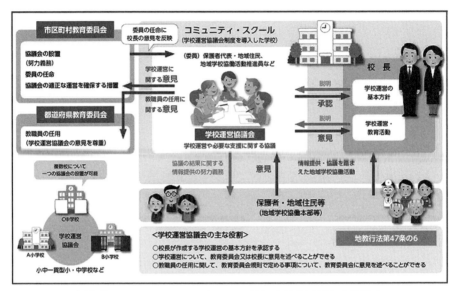

図 9-7　コミュニティ・スクール（学校運営協議会制度）の仕組み
出典：文部科学省（2018）平成 29 年度文部科学白書.

充実などに係る補助事業も行っている.

（2）　コミュニティ・スクールの事例

　2015（平成27）年12月の中央教育審議会答申「新しい時代の教育や地方創生の実現に向けた学校と地域と地域の連携・協働の在り方と今後の推進方策について」では,「全ての公立学校において, コミュニティ・スクールの導入を目指す」としている. これを受け2017（平成29）年3月には「地方教育行政法」の一部が改正され, コミュニティ・スクールの導入が努力義務化された.

　コミュニティ・スクールは, 保護者や地域住民等を委員とした学校運営協議会が教育委員会により設置される. 学校運営協議会では, 校長が作成する学校運営の基本的な方針について承認を行うこと, 学校運営全般について教育委員会や校長に意見を述べること, 教職員の任用に関して, 教育委員会規則で定める事項について, 教育委員会に意見を述べることができる. この制度の導入に

より，前掲の地域学校協働活動とも併せて地域ならではの創意や工夫を生かした特色ある学校づくりを進めていくことが期待されている．本制度についての事例は次の通りである．

事例2　奈良県奈良市立飛鳥中学校区

奈良市立飛鳥中学校区では，地域の幼稚園・小学校・中学校において〔小学校・中学校・学校運営協議会〕＋〔地域教育協議会（学校支援地域本部）〕という「飛鳥式コミュニティ・スクール」を実施している．これは地域教育協議会がコーディネートする形で，飛鳥幼稚園・飛鳥小学校・飛鳥中学校がそれぞれ事業を行い園児，児童，生徒，教職員，また地域の大人たちとの交流を行っているものである．

具体的には，たとえば地域の方々に向けてのコミュニティカレンダー（地域の活動内容がカレンダーに明記されているもの）を作成し，学校園の活動を紹介するとともに積極的に学校や園の活動に参加してもらい，地域全体がより交流の豊かなコミュニティになるよう配慮している．

また毎年秋に飛鳥小学校が行う「あすかフェスティバル」では，数多くの地域からの出店や地元和太鼓団体や各学校や園のパフォーマンスも披露されている．中でも綿菓子，お餅つき，ポン菓子などが並ぶ屋台さながらのお店では，子どもたちは昔ながらの雰囲気に接し，特に綿菓子は自分で作る体験も行うことができることから行列ができるほど盛況である．

その他の学校や園でも地域の伝統を生かした独自の活動が展開されている．地域としての願いは，こうした活動を通して，子どもたちが大人たちとの関わりの中から地域に対する理解を深め，将来に向けての自分自身とこれからの地域のあり方について，少しでも夢や考え持つことができるようになることである．

事例3　静岡県御前崎市：スクラム御前崎

本事例では，静岡県御前崎市の中学校2校，小学校6校，幼稚園4園，認定

図9-8　「スクラム御前崎」の基本方針

```
「スクラム御前崎」が目指す子どもの姿：郷土を愛し，未来を創る子
　　　高い志や夢を持って生きる子
　　　学び続ける子
　　　他者と豊かにかかわる子
　　　社会とかかわっていく子
「スクラム御前崎」の基本方針
　1　園，学校，家庭，地域，行政がスクラムを組み，社会全体で
　　協働して人づくりを進めます．
　2　生涯にわたって学び続け，互いに高め合うことのできる人づ
　　くりを進めます．
```

こども園3園，保育所4園によって「スクラム御前崎」として**図9-8**に掲げた
「スクラム御前崎」の基本方針に基づき，市を挙げての取り組みがなされてい
る．

　「スクラム御前崎」では，地域総がかりで子どもの成長を支える基盤づくり
を進めるため，2008（平成20）年度から学校支援地域本部事業活動として学校
へ参画する地域人材を増やし，地域と学校との関係を構築することから始めら
れた．そして2014（平成26）年度からは保・幼・小・中・を「1つの学校」と
とらえたスクラム・スクールを開始．2015（平成27）年度にはスクラム・ス
クールをコミュニティ・スクールに移行する形ですべての中小，幼稚園，子ど
も園，保育所をコミュニティ・スクール化し，また協力校としての浜岡中学校
区にある県立池新田高等学校も含め，二つのスクラム・スクール運営協議会
（浜岡中学校区・御前崎中学校区）を設置した．

　協議会の開催回数は年間4回とし，協議会の委員の人数（学校の教職員を除く）
は13人としている．運営協議会では，学校や園の抱える課題を明らかにした
上で，地域や行政と一体となって課題解決に向けて協議をしている．協議では，
コミュニティ・スクールの運営や学校種間の調整，分野横断的な活動の総合調
整など統括的な立場で調整等を行う地域人材であるCS（コミュニティ・スクー
ル）ディレクターが活躍することになるが，御前崎市での運営協議会のCS
ディレクターは元学校事務職員という経歴を持ち，学校支援地域本部事業の地
域コーディネーターの経験もあるため，学校と地域をつなぐ良きパイプ役と

なっている.

　また御前崎市では, 2015 (平成 27) 年度から 55 歳以上のシニアが, 学校で年間 10 講座程度の授業を受けるというシニアスクールを開講しているが, このシニアスクールと連携することで, 地域の教育力をさらに生かそうとしている. 取り組みの初めのころは, 若い世代との接触にしり込みをするシニアの方もいたが, 交流を継続する中で, 子どもたちの普段の姿に触れ, 交流を楽しみにするようになっていった.

　その他の活動としては, 次のようなものがある. まず原子力発電所の立地市の立場として原子力防災教育の授業及び, その一環としての園・小学校合同で保護者への引き渡し訓練である. これは地域の一員として家庭, 地域と連携し, 防災に対する意識を高め, 主体的に行動できる子どもを育てることをねらいとした活動である.

　また, 地域, 団体, 企業と園, 学校との連携を図る「グッドマナー運動」がある. これは, 市内の園・小・中・高校で子どもたちと PTA 役員・保護者会の方, また地域の方や近隣の企業の方々が参加して, 毎月 10 日にあいさつ運動を行う「スクラムグッドマナー運動」と連携したもので, 学校外の地域, 企業などに運動の周知を図り, 市民のマナーの向上を目指している.

　このように「スクラム御前崎」では, 家庭・学校・地域社会がしっかりと結びつき, 子どもにとって日常生活では味わえない, かけがえのない体験をさせることを通して地域全体で子どもを育てている.

　現代社会においては, あえて組織を構成しなければ子どもの育ちを保障しにくいのが現状である. 社会の宝としての子どもを, まさに社会がスクラムを組んで地域全体で子どもを育てていくことが, これからの時代に望まれるコミュニティとしての持続可能な社会を実現することに繋がるだろう.

おわりに

　子どもの育ちということについては, かつては家庭教育と学校教育に任せて

おくというのが一般的なスタンスであった．だが近年のさまざまな教育問題，また社会問題を見るにつけ，現代においてはそれだけでは対応できるものではなく，地域が総がかりで取り組まなければならない，ということが明らかになってきた．そこで本文中にも示したように，それに応じた法改正や地域ごとの独自の取り組みがなされるようになったのである．

　望ましい子どもの育ちを保障することは，そのまま将来の社会を保障することである．そのためには地域コミュニティとしての固有の伝統や文化を継承し子どもたちにわがまちの誇りを持たせることが必要となる．したがって地域で子どもの育ちを保障するには，地域コミュニティが独自に立ち上がり活動を展開していく以外に方法はない．本章で取り上げた事例は国が推進する諸制度に基づいて行われているものである．だがそれを有効に活用できるかどうかはすべて地域コミュニティに任されているといってよいだろう．もちろん地域コミュニティには行政も学校も地域における各団体も含まれており，特定の誰か個人が進めなければならないというものではない．多様な主体が積極的に地域づくりに参画することができる環境を整えられつつある現状においては，地域内でのコミュニケーション力が試されているともいえるだろう．

注
1）　文科省 HP より．
2）　具体的には次の各学校である．
　　御前崎市牧之原市学校組合立御前崎中学校，浜岡中学校，御前崎市立御前崎小学校，御前崎市立白羽小学校，御前崎市立第一小学校，御前崎市立浜岡東小学校，御前崎市立浜岡北小学校，牧之原市立地頭方小学校，御前崎市立池新田幼稚園，御前崎市立白羽幼稚園，御前崎市立高松幼稚園，牧之原市立地頭方幼稚園，御前崎市さくらこども園，御前崎市立北こども園，御前崎市立御前崎こども園，御前崎市立白羽保育園，御前崎市立浜岡幼稚園，高松保育園（私立）牧之原市立地頭方保育園

参考文献
御前崎市教育委員会（2016）「御前崎市教育大綱　スクラム御前崎」．
厚生労働省（2017）『保育所保育指針』フレーベル館．
さぬき市教育委員会の事務の点検及び評価報告（2012）．

内閣府・文部科学省・厚生労働省（2017）『認定こども園教育・保育要領』フレーベル館.
文部科学省（2017）『幼稚園教育要領』フレーベル館.
文部科学省（2017）『小学校学習指導要領』東洋館出版社.

web サイト

文部科学省「学校支援地域本部に関すること」〈http://www.mext.go.jp/a_menu/01_l/
　　08052911/004.htm〉（2019 年 8 月 15 日閲覧）.
文部科学省「教育基本法第十三条『学校，家庭及び地域住民等の相互の連携協力』2006
　　〔平成 18 年改正〕.
文部科学省「平成 27 年度文部科学白書」〈http://www.mext.go.jp/b_menu/hakusho/
　　html/hpab201601/detail/1376618.htm〉（2019 年 8 月 15 日閲覧）.
文部科学省「学校と地域でつくる学びの未来」〈https://manabi-mirai.mext.go.jp/toriku
　　mi/chiiki-gakko/kyodo.html〉（2019 年 8 月 15 日閲覧）.
文部科学省「コミュニティ・スクール（学校運営協議会制度）」〈http://www.mext.go.jp/
　　a_menu/shotou/community/index.htm〉（2019 年 8 月 15 日閲覧）.

第 10 章 教え学ぶコミュニティへ

は じ め に

　これまで述べてきたように，コミュニティは人類の種としての存続を保証し，進化発展を支え続けてきた．人間個人はコミュニティに所属し，その一員であるという意識を持つことができなければ本性としてのアイデンティティを保つことはできない．そのことは「当たり前すぎてその事実に気付かないくらい広く浸透」（ハイト 2014）しているのである[1]．したがって，それが衰退することは，人類のもともとの生き残り戦略であった相互の信頼関係に基づく協調行動の場の喪失につながり，根底から我々の今後の存続をも危うくすることにもなるだろう．だが現代では生産活動形態の大きな変化から本来の意味のコミュニティの意義も機能，形態も弱体化し，それに伴い人間相互の信頼関係や協調行動は希薄化し，打算的なものになっている．

　こうしたコミュニティの危機を踏まえ，これまで第Ⅱ部の各章では人類にとってのコミュニティ形成の基盤となった共食と文化にあらためて着眼し，これからのコミュニティのあり方を模索する事例を取り上げてきた．これらの事例から見えてくるものは，結局は人間の動物としての進化的，行動的な特性に立ち返るしかないということである．本章では，まずコミュニティ形成の歩みを確認した上で，立ち返るべき特性を各事例の中からあらためて取り上げる．その上でそれらを総合する意味から，教え学ぶという行為を基調としたこれからの時代に求められるコミュニティ像を事例も挙げながら示していく．

1．コミュニティ形成の3段階と取り組みの事例

（1）　コミュニティ形成の三つの段階

　ここまでの考察を基に今日に至る人類のコミュニティ形成を遡ってみると，次の各段階に分かれているといえる．「共食－信頼関係形成の段階」「文化－協調行動進展の段階」「道具－模倣と教え学ぶ段階」の三つである（**図10-1**参照）．人類はそれぞれの段階で飛躍的に行動パターンを高度なものにしていった．

　まずコミュニティが形成されることになる一つめは，一同に会する共食が開始された段階である．この「共食－信頼関係形成の段階」では，対人的な行動の働きかけを可能とする脳内の内部モデルの基盤が形成され，集団の構成メンバーが相互に個別的に認識できるようになり，信頼関係の基礎が形成された．コミュニティの原型がまずはつくられたということになる．

　次に二つめは共食の場を舞台に，発声や動作，体へのペイントといったことによる文化がスタートした段階である．この「文化－協調行動進展の段階」では，模倣能力が発達しはじめ，共通した行動をとることができるようになったことで，構成メンバーの集団への所属感が生まれ，協調した行動がとれるよう

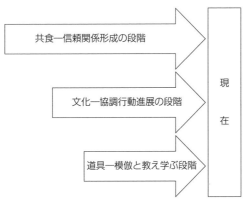

図10-1　コミュニティ形成の3段階

出典：筆者作成．

になった.

　そして三つめは道具が発明され，さらに改良されるというサイクルが徐々に
定着し，その技術が集団内に広まり継承されるようになった段階である．この
「道具－模倣と教え学ぶ段階」では模倣能力は精度を増し，さらに教え学ぶと
いう能力を獲得するようになった．このことによって技術的進歩が顕著になり，
やがて言語という人間のコミュニケーションツールの高度化を促すことにも
なっていったのである．[2] 今日のコミュニティへとつながる機能がほぼ確立した
ことになる.

　これらのそれぞれの段階への移行は断続的といえる場面もあったのだろうが
全体的には多少の後退期も含め，ゆっくりとした進行ではなかったかと思われ
る．いずれにしてもこの三つの段階は現在のコミュニティにおいても，重層的
な構造として存在するものであろう.

（2）　三つの段階に応じた各取り組み

　前項で示したコミュニティ形成の3段階は，現在コミュニティを支え維持し
ていくための能力を養っていく上でも共通した過程であるといえる．したがっ
てそれを育成する取り組みというのが重要となる．ここでは第5〜9章で取り
上げられた諸事例の中から，各段階の内容に応じたものをいくつか挙げ，その
重要性を指摘していきたい．ただし三つの段階を経て今日に至っているという
ことは，現在ではそれぞれの段階の内容が混然一体となっているということで
ある．したがって，ある事例がある一つの段階にだけそのままあてはまるとい
うわけではなく，すべての要素を含んでいるということになる．その中から典
型的なものとしていくつかの事例を取り上げていきたい.

(i)「共食－信頼関係形成の段階」に該当する事例

　まず一つめの「共食－信頼関係形成の段階」については，第6章で取り上げ
られた佐藤初女氏の「森のイスキア」と第8章の女性が中心となって運営して
いる「名川チェリー101人会」及び「藤沢活性化協議会」の事例が該当するだ

ろう．これらの事例は共食の意義を現代的に再確認できるものである．

　人間も動物である以上，食べ物を摂らなければ生きていくことはできない．
だがただ食べれば良いというわけではない．共に食事をとる場では自然と会話
が生まれる．商談など特別の目的がない限りは会話の内容の多くはとりとめの
ない世間話であろう．そして世間話はやがてその場にいる人のそれまでのさま
ざまな生活経験や考えにも及び，いつの間にかこれから生きていく上での参考
となる指針や励ましを得ることになるだろう．佐藤氏の例では客観的にはただ
おむすびを共に食べるだけで，そのついでに会話がなされる程度の印象である．
だが，自分を理解してもらうことが結局は双方向の人格の理解となっていき，
そのことが人間として欠かせない他者との結びつきに対する自信，つまり基本
的な人間同士の信頼性を回復させていくことになるのである．

　また「名川チェリー 101 人会」や「藤沢活性化協議会」のケースでも「チェ
リーセンター」や「無人販売所」の開設に向けてのアイデアが出されたのは，
堅苦しい会議の場ではなく，おつまみをつまみながら，時には軽食を囲みなが
らの懇談的な話し合いの場であった．この場合の会話は目的を持ったものでは
あるが，共食の形をとることでより会話は弾み，地域の実情に応じたさまざま
な話題が提供され，実効的なアイデアへと発展していったのではないかと思わ
れる．そして共に食べる場ではないが，「チェリーセンター」も「無人販売所」
も地元産の農作物や加工品を取り扱っている．食べ物や食材を囲むという場が
農産物の供給を行う住民同士や販売所でのスタッフ同士，さらには顧客も含め
た人間的な結びつきをより高めているともいえるだろう．

　一言付すならこれらの事例で活躍しているのはすべて女性である．個人が抱
える対人関係的な不安の増加や，またこれまでの産業構造の行き詰まりといっ
た状況では，女性の持つ会話力，コミュニケーション力や包容力が共食の場を
有効に設置することで何倍，何十倍にも生かされているのかもしれない．

　こうした会話力やコミュニケーション力，総じて人間同士の信頼性というの
は，コミュニティを維持運営していく上では，人間として基本的な能力である．
したがってその育成は幼少期からなされなければならないだろう．つまり第 1

章で述べたように幼少期のうちに脳内の対人的な内部モデルを構築しなければ
ならないのである．この点において，その場にいるメンバー相互を個別に認識
し，また自由に相互の会話などのやりとりができる共食の機会は重要である．
その基礎的な部分は第6章でも指摘しているように各家庭で行われるべきもの
であり，それを経て各学校段階での給食がその役割を担っているといえる．だ
が一般的に学校給食は教員が同席しているとはいえ，同じ生活年齢者同士の共
食である．もともと共食は様々な階層が混在していたものであり，そのこと
によってその場のメンバーによる恣意的行動が抑制され，効果的に先の能力
が身につくようになっていた．同じ年の子どもたちだけでは十分とは言えない
のである．その点，第9章で取り上げられている各地での地域を挙げたイベン
トにおいては，自然な流れで共に食べる場というのが設定されている．こうし
た場というのは，共食としての学校給食の機能不足を補っているといえるだろ
う．

(ii)「文化 – 協調行動進展の段階」に該当する事例

　二つめの「文化の段階」については第7章の鳥井野獅子踊の活動が該当する．
原初的なコミュニティの意義は食料資源の確保と平等な分配である[3)]．だがそれ
に比べると現代におけるコミュニティの役割は，はるかに複雑なものになって
いる．今を生きる我々の感覚では食料を生産し，ただそれを日々消費するだけ
で生活する上での充実感が得られるものでは決してない．もともとは協調行動
を確かなものにするために生まれた文化ではあるが，その重みは増していき，
次第にそれ自体を楽しむようになった．そしてさらには文化そのものが生きる
目的ともなっていったのである．

　しかし産業化の著しい進展とともに，あまりにも分業化が進んでしまった現
代においては，仕事は直接の食料生産から離れることによってコミュニティか
ら分離し，文化活動もまた多くは同様になってしまった．日々生活の糧を稼ぐ
ために狩猟や農作業に精を出し，無事食料が確保されれば一段落．今後しばら
くの生活の安定が保証されたところで，皆で楽しく獲物や収穫物を囲んで歌い

踊り，芸事に精を出し，また明日への活力を養う．これがコミュニティの長い期間における原風景であったろう．

　鳥井野獅子踊の活動では，そうした原風景がまざまざと目に浮かぶ．現代においては，伝統的芸能を保存するための活動となっているとはいえ，練習や本番が終わった後の食事を囲んでの懇親の場はいかにも楽しそうである．無機質に人が集まり，食事だけが提供されたとしても全く味気ないものとなってしまうだろう．

　このことから考えてもコミュニティに根差し，住民一人ひとりが主体者として取り組む文化こそ，本来的に人々の紐帯となるものであろう．現在の地域的，地場的な文化活動としては夏祭りなど季節に応じ伝統的に見えるように工夫した行事が主流だが，その人的な構成というのは多くは一部の主催者運営者と圧倒的多数の傍観的な参加者から成っている．ほとんどの者は主体者として参加しているわけではないので，マナーも悪く問題も多発しているようだ．そのため予算や警備が追いつかなくなり，中止に追い込まれている行事も少なくないという．文化活動とコミュニティが乖離した，いかにも今日的な問題である．

　第7章での事例はコミュニティと文化の本来的な関係を再確認するものであり，伝統的な芸能であれ行事であれ，本来の文化の意義をあらためて訴えかけているといえるだろう．

(ⅲ)「道具－模倣と教え学ぶ段階」に該当する事例

　三つめの「模倣から教え学ぶ段階」については各章すべての事例があてはまると言ってもよい．現在，地域におけるさまざまな取り組みを成功させるには，それぞれのケースに応じた高いレベルの商品や販売方法，運営方法や，効率的な組織体制といったものが必須である．したがって，高いレベルであればあるほど内部的には教育的要素が多くなる．当然ながら各章で取り上げた内容は成功した事例であるので教え学ぶ機会が多くなるのである．

　ただし教え学ぶといっても現代社会においては二つの側面がある．一つは学校教育とほぼ同義の子どもたちへの教育である．学校教育では人としての基本

を教える場なので，自分が居住する地域のコミュニティについての理解と所属感を養うのは非常に大切なことである．だが実態は序章でも述べたようにコミュニティは所与の存在というのが一般的な常識であり，学校では教科的な学習に専念させるというのが基本であった．そのため，地域のコミュニティ機能が崩壊しつつある現在にあっては，人間として重要なことを学ぶ機会が失われることになっているのが実態である．

その意味から第6章での学校区が一体となって子どもたちに地域コミュニティの意義を理解させる取り組みは重要である．こうした機会に子どもたちは地域の歴史や地理，そして伝統的な文化的特色を学ぶことになる．学校においても地元地域について学ぶ「郷土学習」という分野は存在するが，多くは短時間の座学のみであり，事例のような大がかりな取り組みはなかなか見られない．

もう一つは社会教育と重なる部分の多い，大人たちへの教育である．かつてはこの機能もコミュニティが担っていた．だが現代にあっては，その機能が著しく衰退したことにより「いい大人」による低レベルな犯罪や問題行動が目立っているといえるだろう．そうした意味から教育行政においても「リカレント教育」といった生涯教育にも力を入れている．だが現状は，学校時代のようにある学問を修得するという内容であるために敬遠する大人が多いのが実際であろう．これに対して日頃の生活の中で常識やマナーを確認し，生きる希望を持たせるといった意味での社会教育は大変重要であり，本来いつの時代であれ必用なもののはずである．だが現在では特別に個人的な活動でもしない限りそうしたものは存在しない．

その意味からして第7章の事例は大きな示唆を与えているといえる．そこでは大師匠たちが伝統芸能を大人たちに教えているわけである．さらには著者自ら技を学び，それを身につけた喜びが綴られている．こうしたやりとりの中では，自然と大人としてのふるまいはどうあるべきかということを学ぶことにもなる．伝統芸能という技術を教え学ぶことによって協調行動に資する能力が磨かれていくわけである．仮にその地域コミュニティに所属していなくとも，その容易でない技術を学ぶことで磨かれた能力は，自ら所属するコミュニティで

いかんなく発揮されることになるだろう.

　また第8章「藤沢活性化協議会」での女性有志による「勉強会」もコミュニティにおいて教え学ぶことの意義を端的に示している.ここでは青森県の県職員であり農業技術スペシャリストの「普及指導員」を招いて本格的な学習を行っている.畑作技術の基礎から最新技術まで習得するのは並大抵の苦労ではなかっただろうが,じり貧状態の藤沢地区を何とかしたいという思いから,優良作物の栽培,収穫,そして販売までを見事に成功に導いた.中途半端なものではなく,真剣に学ぶ姿勢がそれを可能にしたといえるだろう.これによってコミュニティは間違いなく活性化したのである.

　これらの事例は,一見社会的なシステムや機能が完成されたかのように見える現代のコミュニティにおいて,実は教え学ぶという人間にとって重要な行為が実は十分ではないという実態を示しているといえる.だからこそ,それを徹底した取り組みが成功しているのである.何について教え学ぶのかということについては,個人の発達段階や地域の特性によって異なってくるものではあるが,その行為がおろそかになれば人類を加速的に進化させた原動力である模倣能力を退蔵させてしまうことになりかねないのである.

2.　教え学ぶコミュニティ

(1)　コミュニティと仕事

　前節では人類のコミュニティ形成の各段階に応じた各地域での取り組みの事例の意義を確認した.それらを総合して考えてみると,現代におけるコミュニティの危機を乗り越えていく上で必要なのは,共食と人間同士の紐帯となり得る文化を継承し,発展させていくことができるよう教え学ぶことであろう.人類が高度な模倣能力を身につけることなく過ごしてきたならば,おそらくは現在も地面に落ちている果実や地下茎,昆虫などを食料資源とし,捕食者が現れたらすぐさま丈夫な木の上に逃げるといった家族中心の小規模な集団で暮らし続けていたか,あるいはかなりの確率で気候変動等の環境の変化によって絶滅

したかのどちらかであろう．コミュニティにおける共食という舞台と相互の信
頼関係強化の媒介となる文化の創出を経て，人類は高度な模倣能力を身につけ
ることができた．そしてそれはメンタライジングへと発達し，さらに技術を伝
えるという教え学ぶ能力へと昇華させたことによって今日につながる加速度的
な人類の進化をもたらしたのである．したがって共食と文化の要素を基調とし，
教えることと学ぶことが随所に見られる，つまり「教え学ぶコミュニティ」の
創出がこれからの時代には必要となるのである．

　ただしここには一つの問題がある．以前のように皆で農作業などを行い，収
穫したものを共に食べ合間に芸能に興じることができるような時代であれば，
それがそのまま教え学ぶコミュニティとなるだろう．だが現代においては社会
構造やまた産業の業態は複雑になり，皆で一様に農作業を行っているような時
代ではない．現代社会では，ものの生産量は飛躍的に向上しているにもかかわ
らず，現金で一定の金額を得なければ食べ物を確保することもできない．当然，
共食どころではない．まずは収入が確実に見込める仕事が必要なのである．そ
れがなければコミュニティ云々などとは言っていられない．第8章のようにコ
ミュニティに根差した事業で収入が得られるならば，人間の本性的にはそれが
最もよいだろう．だがそうした例はごく一部に過ぎない．ほとんどは地域から
離れ，また収入を得るための仕事内容も，単に人間の欲望を充足させるためだ
けのものになっているようなケースも見られる．時代の流れとして仕方のない
面はあるものの，コミュニティに根差し，相互に教え学ぶことにより人々の絆
を一層強めるような文化を現代的な仕事として取り扱うことはできないものだ
ろうか．

　そこで一つの先駆的な取り組みとして，次の事例を挙げてみたい．ある旅館
の取り組みを紹介するのだが，旅館そのものを一つのコミュニティとしてとら
えていただきたい．

（2）「アートワーク社員」枠を設けている温泉旅館[5]

　栃木県那須塩原市板室温泉の大黒屋旅館は，創業が室町時代の 1551 年とい

う超老舗温泉旅館である．だが近年大黒屋は創業の古さという歴史の面よりも
温泉旅館とは一見結びつかない特異なジャンルで全国的な注目を集めている．
そのジャンルとは「現代アート」つまり現代的な絵画や美術作品である．経営
者の16代目当主室井俊二現社長（図10-2）は30年ほど前からもともと関心の
あった現代アートを経営に取り入れ，大黒屋を「保養とアート」の宿として位
置付けた．

　大黒屋はいくつかある分館も併せ，全体が画廊か美術館のようになっており，
アートの分野において確固たる地位を築いている．地方の一温泉旅館がなぜこ
のようなことができたのか．これは室井社長が現在では世界的な現代アート作
家となっている菅木志雄氏を見出し育て，世に送り出した結果である[6]．2018
年現在，3年間の期限付きで3名のアートワーク社員という採用枠を設けてお
り，アート作家を志す若者のキャリア発達の支援をしている．

　室井社長は現代アート旅館としての歩みの経緯と経営理念を次のように述べ
ている．アート作家プロデュースの嚆矢となった菅氏については，初めて室井
社長が関心を持ったのは氏が多摩美大の講師をしていた時であったそうだ．室
井社長は，この時12年という長期の期限を設けた支援を行う代わりに，それ

図 10-2　室井俊二大黒屋社長

2018.2 筆者撮影.

に見合う成果を求めるという要請を行った．菅氏はこれに応え大学を辞して制作に専念するようになったとのことである．そして 11 年間支援を受けた後に社長が見抜いたその才能が見事に開花し，菅氏は世界で活躍するまでになったのである．このプロデューサーとしての成功が大黒屋，そして室井社長をこの分野の権威に押し上げることとなった（**図 10-3** 参照）．

　アートワーク社員は 2018 年現在で 2 名であるが，これまで 3 年の期限を終えた「卒業生」としては，たとえは高校の教員を辞した後に大黒屋に入り，現在は陶芸家として独り立ちしている方などがおり，それぞれ現代アートのジャンルにとらわれず幅広く美術家として活躍しているそうである．

　室井社長は，人間としての生活を土台とした上でより良い社会を創り上げるという考えを持っている．そのためアートワーク社員の支援も技術的なことよりも，いかにして人間を磨いていくかということに力点を置いているのである．地域の食材を生かし造形的にも美しい食事と温泉浴を提供する「保養とアート」の旅館ではあるが，その経営の原点はあくまでも人間の基本的なあり方に立脚しているといえるだろう．

図 10-3　菅作品を持つ室井社長

著者撮影．

3．教え学ぶコミュニティの創出

　現代においては，これまで人類の進化の舞台となってきたコミュニティは，ただある場所に複数の人間が居住しているだけで隣近所の人の顔も見たことがないといった状態が当たり前になっている．そこには人類が文字通り生き残るために数百万年にわたり営々と維持してきたコミュニティの姿はもはやない．かつてはコミュニティはそのまま生きるための生活手段であったが，文明期以降，社会は複雑なものになり，さらに産業化が進むと職業集団にウエイトが置かれるようになった．こうした現代の状況においては，現在の区分でいう地域コミュニティにかつての意義をすべて持たせ続けるのは難しい．だが職業集団は流動的で打算的なものでもあり，基本的に学齢期や学校に在学期間中，そして退職後は関係を持つものでもない．期限のない相互の信頼関係に基づく集団というのは，本来的に家族集団を核とし近隣に居住を共にする地域コミュニティしかないのである．

　したがってそうしたコミュニティを現代に復活していくには，地域に立脚した今の時代ならではの経済活動，産業が不可欠である．共食と文化という人類のここまでの歩みを保証してきた重要な要素から考えれば，複数の人々が共に食事をとりながら，地域に根差したさまざまな文化活動を楽しむ場があるということが重要になるだろう．そして，その場を設定するにあたっては，教え学ぶという確かな活動の裏付けが必要となる．文明化を達成した現在の人類にとって，教え学ぶというという行為が自らを人間として位置づける営みであり，我々は皆，実はそのさまざまな成果を身近なところで確かめることを望んでいるからである．

　前節で紹介した事例は，ある旅館の経営者による取り組みである．大黒屋旅館では旅館を現代アートの拠点として据え，食事の提供などの経済活動を行いながら時に器楽演奏なども織り交ぜながら芸術に親しむ場を設け，なおかつアート作家を養成している．この旅館が現代アートという決して間口の広くな

い分野に特化しながらも人々を惹きつけているのは，若手のアート作家を育てているということが大きく影響しているからであろう．大黒屋での教えというのは，前述の通り技能的なものというよりも社会の中での人としてのあり方といったことに重きを置いている．これは人間的な土台となる部分を高めることでよってこそ，深みのある作品が生み出されるという考えによるものだろう．そして室井社長が教えアートワーク社員が学ぶという営みは，旅館全体に心地よい緊張感を生み出しており，その空間を来館者は共食と文化の場として機能しているといえる（山本 2010）．

　この取り組みは皮相的な大量消費を促す現代社会にあって，生産と消費行動のあり方を考え直すものでもある．現代においては生産とそれによる売り上げを果てしなく拡大していかなければ生き残れない社会構造であるがために，コミュニティは全くの骨抜きになっているといえる．地元の地域コミュニティに立脚し，教え学ぶ行為を中心に据える企業で生み出すものは，消費者にとって決して安くない価格を提示することになるが，提供する製品やサービスは，品質はもちろん人としてのあり方を追求する姿勢に満ちたものになる．この事例は企業としての取り組みではあるが，コミュニティの一つの機能のあり方としてとらえることができるだろう．これからの時代は，生産や売り上げといったものは必須の内容としつつも，それを副次的なものへとしていくような食と文化を基調にした，人を育てていくコミュニティの創出が求められるのである．

おわりに

　人類は共食の場を設け，文化を創出し，優れた模倣能力による技術の進歩という三つの段階を経て確立したコミュニティを基盤にして，相互の信頼関係，協調行動，そして最終的にメンタライジング，教え学ぶ能力を生み出し発達させてきた．それによりコミュニティの質は向上し，生活技術は加速度的に発展した．結果として，他の亜種は次々と滅亡していった中で我々の祖先のみが子孫を残し続けることができた．やがて文明が勃興すると，そうしたコミュニ

ティの質は生産形態へ，生活技術はテクノロジーへとシステマティックに転化
応用され，現在までにものの生産能力は極限まで高まっている．この生産能力
の規模は，今や全体としては現在の人類が生きていくための最低限度の枠をは
るかに超えるまでになっている．だが現実には生産したものの分配には大きく
偏りが見られ，全体としてものが余っている状況があるにもかかわらず，肝心
の相互の信頼関係や協調行動は崩れ，世間を震撼とさせるような事件も頻発し
ている．その意味では，第 2 章にあるような公平平等が徹底されていた狩猟採
集の時代にとどまっていたほうが良かったのかもしれない．

　ただし，文明期以降というのはシステマティックで物理的な発達だけだった
わけではない．かつては声を合わせ発声したり共通した動作を行ったり，さら
には体にペイントしたりする程度であった文化は，音楽，美術などの芸術へと，
また資源獲得と捕食者からの退避のためのコミュニケーションツールはあらゆ
るものを表現できる言語へと発達して文学や演劇などに昇華している．そして
他の動物同様命を長らえるための本能的活動であった摂食行動は，共食を経て
今や芸術的な色合いを帯びた楽しむためのものにまで高められた．こうしたも
のをつくり上げ堪能する能力は，放っておいて自然に身につくわけではなく，
基本的に教え学ぶ営みによってのみ得られるものである．それを十分に可能に
するのはやはりコミュニティという基盤なのである．

　本書ではコミュニティの再生を目指す中で，これまでの伝統を尊重しながら
も共食と文化を現代的に，また実状に応じてアレンジしている事例を紹介した．
現代社会が陥っている隘路を脱する一つの戦略として，まずは本書におけるこ
れまでの考察や事例を参照したコミュニティづくりを進めていくことが重要で
はないだろうか．

注
　1）　ハイトは，具体的には「チームの一員として役割を持ち，団結をすることによりア
　　　イデンティティを得ることができる」という意味で述べている．
　2）　道具をつくる手順の再帰的性質が言語を生んだという主張もある（ヘンリック
　　　2019）.

3 ）　もちろん捕食者から逃れることも，もちろんそうだが，現在はそうした心配はまず
　　ないのでここでは省略した．

4 ）　中でも頻繁に発生しその都度人類を苦しめたのは干ばつであろう．ボーリングによ
　　る柱状コア試料による解析では，たとえば紀元前 1 万 1000 年から 1000 年もの間，北
　　半球を中心に，ヤンガードライアスイベントと呼ばれる寒冷化と乾燥化に見舞われた
　　（フェイガン　2008）．

5 ）　2018 年 2 月にインタビューを行った．

6 ）　1967 年に第 11 回シェル美術賞展 1 等賞（第 1 席）を受賞して以降，多くの受賞歴
　　がある．

参考文献

フェイガン，B.（2008）『古代文明と気候大変動』東郷えりか訳，河出書房新社，p. 152.

ハイト，J.（2014）『社会はなぜ左と右に分かれるのか』高橋洋訳，紀伊国屋書店，p. 310.

ヘンリック（2019）『文化がヒトを進化させた』今西康子訳，白揚社，pp. 377-380.

山本英夫（2010）『感性論哲学からのアプローチ　進化するアートスタイル経営』静岡学
　　術出版.

索　　引

《執筆者紹介》（執筆順．＊は編著者）

＊鑓水　　浩（やりみず　ひろし）[序章・第1・2・8・10章]
　　育英大学教育学部教授．
　　弘前大学大学院地域社会研究科後期博士課程修了　博士（学術）

　早川和江（はやかわ　かずえ）[第3・6章]
　　弘前医療福祉大学短期大学部教授．
　　弘前大学大学院地域社会研究科後期博士課程修了　博士（学術）

　下田雄次（しもた　ゆうじ）[第4・7章]
　　弘前大学教育推進機構教養教育開発実践センター非常勤講師．
　　弘前大学大学院地域社会研究科後期博士課程修了　博士（学術）

　植田清宏（うえだ　きよひろ）[第5章]
　　園田学園女子大学人間教育学部非常勤講師．
　　京都教育大学大学院教育学研究科教科修士課程修了　修士（教育学）

　竹ケ原公（たけがはら　あきら）[第8章]
　　青森大学総合経営学部非常勤講師．
　　弘前大学大学院地域社会研究科後期博士課程単位取得退学

　原子　　純（はらこ　じゅん）[第9章]
　　久留米大学人間健康学部准教授．
　　聖徳大学大学院児童学研究科博士後期課程単位修得退学　修士（児童学）

共食と文化のコミュニティ論

2020 年 4 月 10 日　初版第 1 刷発行	＊定価はカバーに
2023 年 4 月 15 日　初版第 2 刷発行	表示してあります

編著者　　鑓　水　　浩Ⓒ

発行者　　萩　原　淳　平

印刷者　　田　中　雅　博

発行所　株式会社　晃　洋　書　房

〒615-0026　京都市右京区西院北矢掛町 7 番地

電話　　075(312)0788番代

振替口座　01040-6-32280

装丁　野田和浩　　　　　　印刷・製本　創栄図書印刷(株)

ISBN978-4-7710-3329-0